NORBERT BLÜM

Sommerfrische

Buch

Ob Reisen nach Lappland, die Entdeckung Rügens oder zu Fuß von Bonn nach Aachen – Norbert Blüm liebt erholsame, anspruchslose Ferien mit seiner Familie. Und vor allem unerkannt möchte der Politiker dabei bleiben.
Norbert Blüms sehr persönliche Reiseskizzen bestechen durch ihren Witz, ihre treffsicheren Beobachtungen von Land und Leuten sowie durch einen erfrischenden Hang zur Selbstironie.

Autor

Norbert Blüm, der derzeitige Bundesarbeitsminister, ist seit vielen Jahren einer der bekanntesten Politiker Deutschlands.

NORBERT
BLÜM

Sommer-frische

Regentage inclusive

GOLDMANN

Umwelthinweis:
Alle bedruckten Materialien dieses Taschenbuches
sind chlorfrei und umweltschonend.

Der Goldmann Verlag
ist ein Unternehmen der Verlagsgruppe Bertelsmann

Vollständige Taschenbuchausgabe Juni 1998
Wilhelm Goldmann Verlag, München

Umschlaggestaltung: Design Team München
Umschlagfoto: Sammlung Norbert Blüm
DTP-Satz: Martin Strohkendl
Druck: Presse-Druck Augsburg
Verlagsnummer: 12740
KF · Herstellung: Sebastian Strohmaier
Made in Germany
ISBN 3-442-12740-8

1 3 5 7 9 10 8 6 4 2

Inhalt

Meine längste Wanderung

Die längste Wanderung meines Lebens bestand aus dreißig Schritten. Bei jedem Schritt ging es um Leben oder Tod.

Damals, 1943, war ich acht Jahre alt. Im Luftschutzkeller hatten wir die Nacht verbracht, meine Mutter, mein kleiner Bruder, acht Wochen alt, und ich. Der kleine Hans-Peter auf dem Arm meiner Mutter. Ich kuschelte neben ihr, den Kopf auf ihrem Schoß. Der Keller war halbdunkel. Vor uns flackerte eine dicke Kerze.

Vater war im Krieg.

So vergingen die Stunden seit Mitternacht. Als die Alarmsirenen aufheulten, sprang ich, wie oft geübt, aus dem Bett und in meine vor dem Bett ausgebreiteten Kleider, ergriff das Luftschutzköfferchen, meine Mutter den Bruder. Minuten später waren wir im Luftschutzkeller, dessen Decke mit Holzstämmen abgestützt war. Über uns die Geschäftsräume der Deutschen Bank im Parterre und darüber zwei Stockwerke für »Fritz Opel Nachlaßverwaltung GmbH«. Unter dem Dach unsere, des Hausmeisters Wohnung.

Das große, breite Treppenhaus durchhuschten wir im Dunkeln. Wir kannten die Treppenstufen, wie Blinde ihre Umgebung kennen. Ohne Alarm, in normalen Zeiten, benutzte ich das Geländer verbotenerweise oft als Rutschbahn, das ging dann noch schneller nach unten.

Jetzt saßen wir, wie so oft, mutterseelenallein im Luftschutzkeller. Die Stunden seit Mitternacht rieselten ereignislos wie der Sand in einer Sanduhr. Neben uns brummten die großen Kessel der Heizungsanlage, von denen wir nur durch eine dicke, gußeiserne Schutztür getrennt waren. Wenn die schweren Hebel heruntergezogen und die Tür geschlossen war, kam ich mir immer wie eingesargt vor. Zu meinen Alpträumen als Achtjähriger gehörte die Vorstellung: Das Haus brennt, die Tür klemmt, und wir bringen die eisernen Schließhebel nicht hoch.

So gegen drei Uhr wurde es hell. »Leuchtschirme« brannten am Himmel, in der Luft aufgehängt von feindlichen Fliegern, die das Gelände taghell erleuchteten, um ihre tödliche Luftfracht zielgenauer abladen zu können. Jetzt ballerte auch die Flak los. Sie war gegenüber auf den Dächern der Opelwerke postiert. Ohrenbetäubender Lärm. Scheinwerfer suchten den Himmel ab, und die Flugzeuge zogen abenteuerliche Bahnen am Himmel, um dem Fadenkreuz der Flak zu entkommen. Meine Mutter betete für die feindlichen Piloten.

Dann das erste Heulen abgeworfener Bomben, gefolgt vom Krachen der Explosionen. Schon eine der ersten von diesen tödlichen Dingern war in der Nähe eingeschlagen. Wir wußten nicht genau, wo es eingeschlagen hatte – in unser Haus oder in das des Nachbarn, in dem mein Freund Karl Zimmermann wohnte?

Qualm erfüllte unseren Raum. Mutter legte Hans-Peter eine Mullbinde vor den Mund und sagte leise und langsam zu mir: »Wir müssen gehen.« Sie sagte es so, als ginge ein Besuch zu Ende. Meine kleine, zierliche Mama hatte starke Nerven.

Gott sei Dank: Die Türhebel gaben nach. Ich drückte sie nach oben, und die schwere Eisentür öffnete sich widerstandslos.

Die obere Kellertür aus Eichenholz aber, die ins Treppenhaus führte und die ich nie als Problemtür erwartet hatte, war gesplittert und ein unüberwindliches Hindernis. Wir waren eingesperrt.

Ich hörte Flammen knistern, der Qualm wurde stärker. Alles war erleuchtet, die Wände nahmen einen rötlichen

Schimmer an. Mutter rief um Hilfe, noch immer ohne Katastrophentremolo in der Stimme, aber in regelmäßigen Abständen.

Ich hielt das Luftschutzköfferchen in den Händen, Mutter Hans-Peter in den Armen. Ein Wachmann vom gegenüberliegenden Hauptportal der Opelwerke hörte Mutter rufen, rannte mit einem Beil durch den Bombenhagel und schlug unsere schöne teure Kellertür aus Eichenholz mit wenigen Hieben entzwei. Wir waren befreit und standen im Hausflur. Die Haustür war weggeflogen. Draußen auf der Straße lagen Trümmer, zersprengte Fensterrahmen, Glas und Steine, viele Steine.

Die Flak hatte ihre Abwehr eingestellt. Die Brandbomben, jede mit Phosphor gefüllt, zischten weiter durch die Luft. Mutter sagte ruhig: »Rüber in den Opel-Keller.« Ich blieb stehen. Ich konnte doch nicht ohne Mama und Hans-Peter laufen und die beiden auch nicht ohne mich. Also standen wir reglos in der zerstörten Haustür.

»Lauf, Norbert, lauf!« sagte Mutter. Ich hatte Angst. Von überall her flogen Steine durch die Luft. Der Motorenlärm der Bomber dröhnte noch immer über uns. Es war mir, als sollte ich von einem hohen Turm ins Ungewisse springen. »Los, lauf, lauf!« Mutter gab mir einen Schubs mit dem Knie. Die Hände brauchte sie schließlich für Hans-Peter. Ich rannte los. Sie hinter mir, dreißig Schritte. Nach zehn wäre ich gerne umgekehrt. Es knallte ganz in meiner Nähe. »Lauf, Norbert, lauf!« rief sie hinter mir. Diesmal allerdings nicht ruhig und leise, sondern schrill, hart und laut. Ich mußte weiter, stolperte über Bretter und Steine – und war in Sekunden nach dem Start vor unserer Haustür und dreißig Schritte später unter dem schützenden Dach des Hauptportals der Firma Adam Opel AG.

Es steht noch heute dort, wo es damals stand, unverändert, als hätte es nie etwas von unseren Aufregungen miterlebt.

Ein Feuerwehrmann brachte uns in den Opel-Luftschutzraum. Dort hockten eng beieinander auf Kisten und Bänken schon ein Klumpen Leute. Keiner sprach ein Wort.

Mutter machte sich eine Hand frei und streichelte mir über den Kopf. Wir waren gerettet: Mama, Hans-Peter, ich und mein Luftschutzköfferchen.

Die dreißig Schritte zwischen der Haustür der Deutschen Bank und dem Hauptportal der Adam Opel AG waren die längste Wanderung, die ich je erlebt habe, und nie habe ich das Ziel einer Wanderung heißer ersehnt als das Opel-Hauptportal.

Viele Wanderungen über Tage und durch Nächte habe ich längst vergessen. Diese dreißig Schritte aber trage ich wie einen Film in meinem Kopf. Kein Schritt ist vergessen.

Island: Die gescheiterte Expedition

Acht Pfadfinder machten sich im Sommer 1958 auf die große Reise nach Island. Die Fahrt war gut vorbereitet: Kartenkunde, Sternkunde, Navigieren in unübersichtlichem Gelände gehörten zu unseren selbstgebastelten Vorbereitungskursen. Das Wichtigste war das Ausdauertraining. Wir zwangen uns Wochenende für Wochenende zu Langstrekkenmärschen bis zur Erschöpfung. Die acht Expeditionsteilnehmer waren das Ergebnis eines harten Ausleseverfahrens. Die Fußkranken blieben auf der Strecke, also zu Hause. Wer in der Vorbereitung nicht durchgehalten hatte, durfte nicht mitfahren. Wir waren topfit.

Die erste Etappe der Island-Fahrt erfolgte per Fahrrad auf der Strecke von Rüsselsheim nach Kopenhagen. Dort wartete der zum Frachtschiff umgebaute Eisbrecher *Dronning Alexandrine* im Hafen auf uns. Sieben schlimme Tage standen uns bevor.

Die Nordsee hatte sich gegen die gute alte *Dronning* verschworen. Das Meer tobte und schäumte. Ein Orkan wühlte tagelang das Meer auf. Wir waren im Bug des Schiffes untergebracht. Im Unterschied zu der Besatzung, die in der Mitte des Schiffsbauches ihre Schlafstellen hatte, war bei uns an der Schiffsspitze der Ausschlag zwischen Hinauf und Hinunter am stärksten. Wenn es runter ins Wellental ging, dachte ich, ich würde gar nicht mehr auf den Brettern liegen. Ich schwebte mit meinem Schlafsack über dem Boden. Wenn es dagegen hinauf auf den Wellenkamm ging, hatte ich das Gefühl, ein Riese würde auf mir liegen und mich mit seiner Zentnerschwere auf das Lager pressen.

Unterwegs machten wir auf den Färöer-Inseln zehn Stunden halt. Ein Teil der Ladung verließ das Schiff, ein anderer Teil wurde hinzugeladen. Die Erde hatte uns wieder. Wir nutzten die Gelegenheit, um uns am festen Boden unter den Füßen zu erfreuen. Wir mußten uns erst einmal unseren breitausholenden Seemannsgang abgewöhnen und wieder auf die Normalschritte der Landratten umstellen. Doch dann durchstreiften wir wie eine wildgewordene Schafherde die Insel.

Zur verabredeten Zeit waren alle Mann an Bord. Leinen los und Anker lichten, und die wildgewordene Nordsee hatte uns wieder fest in ihren Klauen. Zum Sturm kam allerdings jetzt noch der Nebel, und der war noch schlimmer als die Schlinger- und Schaukelbewegungen unserer *Dronning*. In regelmäßigen Abständen ertönte das Nebelhorn. In der ersten Stunde hältst du das noch für eine Abwechselung. Spätestens nach einem Tag und einer Nacht geht dir das Gebrüll jedoch so auf die Nerven, daß du es fast nicht mehr ertragen kannst. Du weißt, gleich geht die Lärmpause zu Ende und das Geheule wieder los. Beim Plombieren eines Zahns kannst du wenigstens dem Ende der nervtötenden Belästigung entgegenzittern. Auf der *Dronning* im Nebel hatte man das Gefühl, der Nebel und das dazugehörige Geheul des Nebelhorns würden nie aufhören.

Doch jedes Leid geht einmal zu Ende. Für uns war das Ende der Qualen der Hafen Reykjavik. Zwei Tage akklimatisierten wir uns in Reykjavik. Wir nutzten die Zeit, um unsere Fahrtenkasse aufzubessern, und gaben im Krankenhaus in Reykjavik eine große, schöne, in Deutschland eingeübte Vorstellung. Deutsche Volkslieder wechselten mit Sprüchen aus der Edda. Die Vorstellung endete mit dem Absingen der isländischen und der deutschen Nationalhymne. Ich entsinne mich, daß wahrscheinlich nur die Schwester Oberin eine Ahnung davon hatte, daß es sich bei der isländischen Nationalhymne um ihre eigene handelte. Sie jedenfalls erhob sich zögerlich etwa im zweiten Drittel der ersten Strophe. Daraufhin erhob sich auch der Rest der Gäste, etwas unsicher über den Grund für das Aufstehen. Ich weiß bis heute nicht, ob wir die Melodie falsch gesungen oder den isländischen Text nur mangelhaft beherrscht hatten. Wahrscheinlich entsprang unsere Verstümmelung der isländischen Nationalhymne einer Kombination von beidem.

Doch alle Abwechslung konnte unsere Flucht aus der Zivilisation nicht bremsen. Wir konnten es kaum erwarten, in den Norden Islands zu kommen, denn von dort sollte unsere Expedition quer durch Island in Nord-Süd-Richtung ihren Ausgang nehmen. Das Kartenmaterial für das Projekt war schlecht. Für die Füllung der kartographischen weißen Flecken war uns von einem Universitätsinstitut eine Belohnung zugesagt.

Wir flogen von Reykjavik nach Akureyri. Es war mein erster Flug. Die viermotorige Propellermaschine gewann nur langsam an Höhe. Aber dann, über den Wolken, befanden wir uns, wie ich empfand, im Himmel. Unter uns lag eine phantastische Wolkenlandschaft, die ich noch nie gesehen hatte und von der ich mir noch nachträglich einbilde, nie wieder ein so schönes Wolkengebirge von oben gesehen zu haben.

In Akureyri angekommen, nahmen wir beim ortsansässigen katholischen Pfarrer Hákon Loftsson Quartier. Hákon war ein isländischer Ästhet. Da er die deutsche Sprache beherrschte, erzählte er uns nächtelang isländische Märchen und Legenden. Unsere Expeditionsausrüstung hielt er für ungenügend. Er warnte uns vor der Landdurchquerung. Wir wären nicht die ersten, die auf dem Weg nach Süden zwischen dem Hof Jökull und Vatnajökull gescheitert seien. Wir lachten. Wir waren uns unserer unbändigen Kraft sicher. Pfarrer Loftsson schenkte Harald ein Paar neue Stiefel, denn die Schuhe, die Harald mitgebracht hatte, schienen ihm lebensgefährlich.

Letzte Station vor dem Aufbruch war der Hof Tjarnir. Wir erreichten ihn auf der Pritsche eines Milchwagens. Hinter dem Hof begann die Einöde. Der alte Bauer warnte uns noch einmal eindringlich vor den Gefahren der Durchquerung und bat uns, wenigstens ein paar Tage zu warten. Das Wetter schlage um. Wir schlugen seine Warnungen in den Wind. Schließlich hatten wir ja auch Wetterkunde gelernt, und unser Experte, durch Einwände nicht zu beeindrucken, behauptete: »Das Wetter bleibt gut.« Wir vertrauten seiner Wissenschaft mehr als der Erfahrung des Bauern. Und außerdem, was konnte uns das Wetter schon anhaben? Wir waren harte Männer und konnten vor Kraft kaum laufen.

Zu Beginn der Strecke verließen wir uns noch auf Steinmänner, aufgehäufte Steine, welche die Richtung markieren und den Hirten beim herbstlichen Einsammeln der Schafe Orientierung geben. Nach einiger Zeit verschwanden auch die Steinmänner. Wir waren nun allein und nur auf uns angewiesen. Jetzt kam die Bewährung für unsere Kompaßkunde: Ein Mann peilte über den Kopf eines zweiten, und ein dritter lief in die vom ersten angewiesene Richtung. Das ging nicht ohne großes Geschrei und ständiges Korrigieren.

Bald schlug das Wetter um. Es kam Nebel auf, und mit dem Peilen über weite Strecken war es vorbei. Die Dreierkette wurde immer kürzer. Wir blieben weit hinter dem selbstgesetzten Tagespensum zurück. Dann kam eine Reihe von Flüssen quer zu unserer Laufrichtung, die sich tief in die Hochebene eingegraben hatten. Wir mußten oft fünfzig und mehr Meter über die Steinhalde hinab zum Fluß und nach einer Furt suchen, um den eiskalten und reißenden Fluß zu überqueren. Drüben auf der anderen Seite ging es wieder dieselbe Strecke aufwärts. So waren wir oft nach zwei Stunden mühsamen Latschens gerade läppische zweihundert Meter Luftlinie vorwärts gekommen. Das entnervt. Wir gestanden es uns nur nicht ein. Ja, so hatten wir uns die Landdurchquerung im heimischen Rüsselsheim nicht vorgestellt. Die Truppe blieb hartnäckig, wider besseres Wissen siegesgewiß. Die Stimmung war zwar gedämpft, doch unser Selbstvertrauen war ungebrochen.

Ein Unglück kommt selten allein. Zum Nebel kam jetzt Eishagel. Die Stimmung begann zu bröckeln. Wir waren jetzt schon einen Tag hinter unseren selbstgesetzten Etappenzielen zurück. In acht Tagen mußten wir durch sein. Denn erstens wollte der Bauer nach mehr als acht Tagen Alarm schlagen, wenn wir uns vom Ziel aus nicht gemeldet hatten, und zweitens: Unser Proviant reichte nur für acht Tage.

Hinter Steinen zusammengekauert, um einen Benzinkocher hockend, auf dem warmer Tee zubereitet wurde, berieten wir abends, wie es weitergehen sollte. Jeder in der Gruppe wußte: Wir schaffen es nicht mehr. Doch keiner wollte es als erster zugeben. Eine Niederlage eingestehen ist schwer. In die stille Ratlosigkeit hinein sagte Otto: »Ich schlage vor, unsere Marschrichtung zu ändern und nach Westen abzuzweigen. Wir sind dann schneller wieder im sicheren Land. Reykjavik schaffen wir nicht mehr.« Pause. – Allen fiel ein Stein vom Herzen. Jeder war erleichtert über diese Einsicht, aber keiner gab es zu. Die Abwägung des Für und Wider dauerte zwar einige Zeit, hatte jedoch nur noch Alibicharakter. Am nächsten Tag änderten wir unsere Richtung, aber aus der Expedition war der Dampf raus: Wir waren unseres Zieles verlustig geworden. Das Wetter verschlechterte sich weiter. Die Zahl der Querflüsse vermehrte sich, weil wir jetzt in die Gegend kamen, in der alle Flüsse in der Längsachse des Landes verlaufen. Wir kamen noch langsamer voran. Die Richtungsänderung, welche Erleichterung sein sollte, erwies sich jetzt als Erschwernis.

Nach zwei Tagen beschlossen wir ohne große Diskussion, zum Ausgangspunkt zurückzukehren. Wir zogen eine schamhafte Kurve zurück. Diesmal war ich der erste, der die Parole ausgab: Zurück, marsch, marsch! Zu dieser neuen Entschlußkraft hatte mir die Erinnerung an die Feigheit vor 48 Stunden geholfen, als wir viel Zeit damit verloren, der Einsicht die Entscheidung folgen zu lassen und zudem noch eine falsche getroffen hatten. Wenn schon zurück, dann sofort! Wortlos machten wir uns auf den Rückzug.

Es ist Mittag, die Sonne scheint wieder, und der erste Steinmann taucht am Horizont auf. Es können nur noch ein paar Stunden bis zum Ausgangspunkt sein. Die »Expedition« und unsere Vorräte nähern sich dem Ende, aber was soll's: Der Hof, unser Rettungshafen, erscheint klitzeklein am Horizont. Wir sind gerettet.

Der Weg zurück war der Weg in die Niederlage. Niemand geht ihn gern.

Ich trage noch Benzin für unseren Kocher im Rucksack. Für was? Ich überschütte den erstbesten eben erreichten Steinmann mit dem letzten Benzin und zünde ihn an. Dann noch eine letzte Benzinzufuhr auf den brennenden Steinmann. Da fängt mein Benzinkanister Feuer. Ich versuche kopflos und blödsinnig die Flammen in meinem Kanister, den ich in den Händen halte, mit einem kräftigen Blasen und Prusten auszublasen und versenge mir dabei meinen Bart. Etwas verändert im Gesicht und nicht ohne Schmerzen setze ich den Weg zurück fort. Die Stimmung nähert sich dem Nullpunkt.

Am frühen Nachmittag trennen uns nur noch wenige Kilometer von unserem Bauernhaus. Jetzt treibt uns nichts mehr. Eile mit Weile. Unsere geschlagene und zermürbte Truppe spürt erst jetzt ihre Erschöpfung. Alle paar hundert Meter rasten wir. Hans-Peter, mein Bruder, unser Nesthäkchen, läuft nach einer solchen Rastpause ohne Rucksack weiter. Er ist malade. Wir übernehmen seinen Rucksack. Plötzlich fällt mir auf, Hans-Peter hat den Pfadfinderhut nicht auf dem Kopf. Der Pfadfinderhut – mußt du wissen – ist das Heiligste, was ein Pfadfinder am Leibe tragen kann. Also: »Wo ist dein Hut?« »Auf dem Rastplatz!« »Wieso?« »Ich habe ihn vergessen.« »Dann hole ihn.« »Nein!« »Doch!« »Nein!« »Doch!« »Dann hole ihn doch selbst.« »Ist es mein oder dein Hut?« Nach vielem Hin und Her geht Hans-Peter nun doch und trotzig zurück. Wir laufen die letzte Strecke zum Bauernhaus ohne ihn. Er wird uns schon einholen.

Beim Bauern: Große Begrüßung. Seine Freude ist für isländische Verhältnisse überschwenglich und unverkennbar seine Erleichterung. Mit schweren Vorwürfen hatte er sich gequält, nachdem er uns vor Tagen ziehen gelassen hatte.

Jetzt zählt er durch, und bestürzt fragt er: »Wo ist der achte?« »Er kommt nach.« Dort in der Ferne ist er schon als kleiner Punkt erkennbar. Der Punkt bewegt sich nur ganz langsam auf das Bauernhaus zu. Hans-Peter, der Trotzkopf, motzt, denke ich und fluche heimlich.

Der Bauer holt ein Fernglas, betrachtet sich den Punkt und stellt fest: »Das ist nicht Hans-Peter.« Von Hans-Peter weit und breit nichts zu sehen. Blitzartig überfällt mich der Schreck. Sollte er in einem Anfall von Verwirrung in eine falsche Richtung weitergelaufen sein? Sein Verhalten auf den letzten Kilometern war sowieso merkwürdig, fällt mir jetzt ein. Kommando: Alle Mann auf den Geländewagen des Bauern und zurück auf die Piste. Wir fahren mit dem Auto, so weit man in diesem Gelände mit dem Auto fahren kann. Dann stopp!

Sieben Mann, von denen jeder eine halbe Stunde zuvor noch gesagt hätte, daß er jetzt keines weiteren Schrittes mehr mächtig sei, springen aus dem Wagen und machen sich auf die Suche nach Hans-Peter. Nicht ganz ohne System: Zwei in südliche, zwei in südwestliche, zwei in die südöstliche und einer in östliche Richtung. Für 22 Uhr ist Rückkunft beordert, falls Hans-Peter bis dahin nicht gefunden ist. Um 22 Uhr sind zwei Paare wieder am Treffpunkt. Kurz darauf, quietschfidel, kommt das dritte Paar der Suchmannschaft zurück und, zwischen ihnen, friedlich pfeifend, Hans-Peter. Er ist sich gar keiner Schuld bewußt, denn er hatte seinen Hut bei der mittäglichen Rast, zehn Kilometer von hier entfernt, vergessen und deshalb gemotzt, einen so weiten Weg zurückgehen zu sollen. Ich dagegen war bei unserem Disput davon ausgegangen, daß er seinen Hut auf der letzten Raststätte, einen Kilometer zurück, liegengelassen habe.

Jetzt kam unser Begrüßungsfest Nummer zwei. Doch wie beim ersten, stellte sich auch beim zweiten ein verspäteter Schrecken ein. Einer aus der Suchmannschaft fehlte jetzt: Werner Welskop, unser härtester Knochen, war nicht zurückgekehrt. Ich konnte mir weder vorstellen, daß er sich verlaufen, noch daß er schlappgemacht hatte, und sagte dem Bauern: »Er wird schon am Bauernhaus sein.« Also alle wieder auf den Jeep und zurück zum Bauernhaus. Dort waren inzwischen die Bauern des Tals zur Rettungsaktion versammelt mit Sturmlaternen, Seilen und weiterem Rettungsgerät. Wer nicht da war, war Werner Welskop. Also Rückmarsch Nummer zwei. Inzwischen war es nach Mitternacht. Und wieder ging die Suche los. Und wieder war des Rätsels Lösung ganz banal. Werner Welskop hatte im Übereifer den Rückkehrtermin 22 Uhr überhört und die Suche unverdrossen fortgesetzt. Gegen drei Uhr traf er mit einer Suchmannschaft zusammen, die ihn zur Rückkehr aufforderte. »Wieso das?« soll er gesagt haben. »Wir suchen doch alle Hans-Peter.« Daß Hans-Peter ohne ihn schon gefunden sein konnte, war ihm gar nicht in den Sinn gekommen.

Um sechs Uhr in der Frühe war die zwölf Stunden vorher völlig erschöpfte und derangierte Gruppe ausgelassen fröhlich und überaus glücklich im Wohnzimmer des Bauern versammelt und feierte die Heimkehr. Wir waren nach zwölf Stunden der Trennung wieder vereint. Diesmal feierten wir sogar mit Whisky, was völlig gegen unsere Bräuche und Gesetze war. Und bis in den späten Morgen sangen und tranken wir. Aus der Niederlage war doch noch ein Sieg geworden. Mir blieb erspart, was ich mir in den vielen Stunden der Suche nach Hans-Peter schon vorgestellt hatte: Wie sollte ich unserer Mutter beibringen, daß Hans-Peter in den Einöden Islands verunglückt sei. Vielleicht in eine Felsspalte gefallen, vielleicht ohnmächtig und dann orientierungslos geworden war. Und wenig später hatte ich mich dann schon wieder prophylaktisch vorbereitet, der Familie Welskop die Unglücksnachricht überbringen zu müssen. Werner ist uns auf der Suche nach Hans-Peter verlorengegangen…

Werner Welskop und Hans-Peter waren jetzt da, und das war wichtiger als alles. Wichtiger sogar, als am Ziel angekommen zu sein.

Wir kamen mit anderen Erfahrungen nach Hause, als wir erwartet hatten. Das haben Abenteuer so an sich.

Was für einen selber gut ist, übersieht man nicht immer zum Zeitpunkt des Geschehens. So erging es auch mir.
Als ich 1956 durch den Balkan trampte, döste ich – wie so oft – im Straßengraben in brütender Hitze still vor mich hin, diesmal an der Strecke Saloniki-Athen.
Damals frequentierten noch nicht so viele Autos wie heute die griechischen Straßen, und der Tourist war zu jener Zeit noch ein unbekanntes Wesen.
Auf das Motorengeräusch eines herannahenden Autos wollte ich aufstehen, um – wie oft praktiziert – als Anhalter zu winken. Meine Faulheit war jedoch größer als mein Wille zur Weiterreise. Ich hob meinen Hintern zu langsam aus dem Graben, das Auto war schon vorbei, als ich auf den Beinen war. Ihm nachschauend, erkannte ich einen Opel-Kapitän mit deutschem Nummernschild. Ich war wütend auf mich. Mein Landsmann hätte sicher angehalten, wenn er mich als deutschen Pfadfinder erkannt hätte, und ich hätte ihm als Arbeiter bei den Opel-Werken manches Interessante über die Produktion seines Fahrzeuges erzählen können.
Gut eine halbe Stunde später tuckerte ein schwerbeladener Lastwagen über die Landstraße. Diesmal erhob ich mich schneller. Der Lastwagen stoppte. Ich stieg auf die Mehlsäcke seines Anhängers. Wir fuhren weiter. Aber schon nach einem Kilometer mußte der Wagen plötzlich bremsen. Eine große Menschenmenge versperrte uns den Weg. Der Lastwagen hielt, und ich stieg von der Ladefläche ab. Vor mir stand an einem Baum am Straßenrand zerschellt der Opel-Kapitän. Er war aus der Kurve getragen worden. Neben den Autotrümmern lagen der Fahrer und seine Frau. Beide waren tot.
Ich wäre wahrscheinlich das dritte Opfer gewesen, wenn mir meine Faulheit, über die ich dreißig Minuten früher so wütend gewesen war, nicht das Leben gerettet hätte.
Manchmal weiß man eben erst im nachhinein, was für einen gut ist, und manchmal erfährt man es nie. Dann weiß es nur der liebe Gott.

König auf dem »Fietspad«

Als die erste Eisenbahn zwischen Fürth und Nürnberg in Betrieb gesetzt wurde, fürchtete man um den Verstand der Fahrgäste. Wir fahren inzwischen schneller und sind immer noch normal. – Aber was ist normal?

Wir jedenfalls kehrten zum guten, alten Fahrrad zurück. Wir, das sind Marita, Katrin, Annette, Christian und ich: eine ganze Familie. Als Testgelände für unsere neue Fahrradliebe suchten wir uns Holland aus. Erstens ist es flach, und zweitens, so sagte man uns, seien die Holländer ein Volk von Radfahrern.

Was die Ebene anbelangt, so ist dieser Vorzug Hollands nicht zu bestreiten. Ein saftiger Gegenwind aber, und schon ist er zunichte. Was fehlt, im Unterschied zu dem beschwerlichen Auf und Ab in unseren Breiten, sind befrei ende Talfahrten: Hollands Trost für erschöpfte Radfahrer sind Strecken ohne Gegenwind.

Wind ist an Hollands Küsten reichlich zu haben. Wenn man Glück hat, bietet ein Deich Schutz vor der hemmenden Brise.

Aber es kann auch Pech sein. Der Damm schützt natürlich auch vor schiebenden Rückenwinden. Nicht ohne Hinterlist ist somit das Radeln auch auf flachem Land.

Der zweite holländische Vorzug ist gewichtiger: Das Radfahrervolk schuf sich sein eigenes Streckennetz, und der bundesrepublikanische Fahrradeigner, vom ständigen Straßenkampf geplagt, kann sich auf Hollands Landstraßen frei und unbeschwert fühlen. Auf dem Fietspad ist er König. Für eine Familienfahrt ist dies nützlicher, als man zunächst annehmen möchte. Auf den Randstreifen abgedrängt, leidet ein Familienausflug hierzulande unter ständigem »Achtung«- und »Vorsicht«-Geschrei, in das, jedenfalls in unserem Fall, der Vater aus angeborener Vorsicht mit und ohne Grund ständig ausbricht. Den Kindern geht das auf die Nerven, dem Vater irgendwann auch.

In Holland ist es anders: Es sind sogar wieder Gespräche von Fahrrad zu Fahrrad möglich. Denn das Nebeneinanderfahren auf einem gesicherten Fahrradweg ist gänzlich ungefährlich.

Die unterschiedliche Muskelkraft zwischen Alt und Jung haben wir auf unserer Fahrt mit Hilfe eines Tandems ausgeglichen. Wer am glaubwürdigsten Erschöpfungszustände zum Ausdruck bringen konnte, dem stand der zweite Sitz auf dem Tandem zu und der mußte dort nur mit halber Kraft in die Pedale treten.

Bei uns machte Annette vornehmlich von diesem Privileg Gebrauch. Das zwang den Vater, da Mama auf dem Tandem bleiben wollte, auf Annettes Kinderrad zu wechseln. Zur Erheiterung der Familie war er fortan der »Affe auf dem Schleifstein«. Ein vorher nicht eingeplanter Vorzug des Tandems liegt übrigens darin, daß es wie ein Harmonietrainer wirkt. Die siamesische Art der Vorwärtsbewegung eignet sich auch dazu, Spannungen in der Horde zu lösen.

Los ging die Hollandtour um 13 Uhr in Amsterdam. Es war gar nicht leicht, aus dem Labyrinth der City herauszufinden. Aber hinter dem Bahnhof fährt eine Fähre zum Nulltarif über den Hafen nach Amsterdam-Nord – und das ist der Ausgangspunkt für die Fahrt über Volendam, Edam an das Ijsselmeer. Und das war das erklärte Ziel unserer ersten Etappe.

Wir kamen bis Enkhuizen, einem Fischerstädtchen mit schönen Giebelhäusern, rund sechzig Kilometer von Amsterdam entfernt. Edam war natürlich unser erster Rastplatz gewesen, schon allein des Edamer Käses wegen. Ein Prachtexemplar dieser Käsegattung wanderte in unseren an der Lenkstange befestigten Vorratskorb und quälte uns die folgenden Tage, weil es gegessen werden mußte, obwohl es uns nicht immer nach Käse verlangte.

Am besten hat uns in Enkhuizen das Rathaus gefallen; seit Ende des 17. Jahrhunderts ist an dem stattlichen Bau kein Stein mehr verrückt worden. Und auch die alten Schiffsmodelle, Trachten und Stilmöbel im Zuiderzeemuseum erzählen von der wirtschaftlichen und kulturellen Blüte, die dieser Fischerhafen im 16. und 17. Jahrhundert erlebte. Am kleinen Hafen thront das »Dromedaris«, ein mächtiger Rundbau aus dem 16. Jahrhundert, der in seiner wechselvollen Geschichte auch als Gefängnis diente. Einige Zellen kann man sich heute noch angucken und die Seufzer zählen, die in das rohe Eichenholz eingekratzt sind.

Morgens schippern umgebaute Fischerboote vom Hafen zum Ausflug auf das Ijsselmeer. Wir aber blieben dem Fahrrad treu und radelten am zweiten Tag über Den Oever nach Harlingen in Westfriesland. Eindrucksvoller als Den Oever ist der dreißig Kilometer lange Deich, der das Ijsselmeer gegen die Nordsee abgrenzt. Auf ihm zieht sich der Fahrradweg entlang, und bei Gegenwind ist diese Fahrt eine verdammt kräftezehrende Angelegenheit.

Erschöpft entschlossen wir uns zu einem Picknick auf dem Deich. Wir entdeckten die lebenspraktischen zwei Seiten eines Dammes: Man friert auf der dem Wind zugewandten Seite, es wärmt auf der dem Wind abgewandten Seite. So frühstückten wir gleichsam in zwei Zimmern: eines links, eines rechts vom Damm, das eine kalt, das andere warm – je nach Laune und Bedarf.

Für die Strapazen entschädigte uns abends das Hafenstädtchen Harlingen. In einer Gaststätte am Hafen fanden wir eine Bleibe für die Nacht. Warum »Hafen« ein Synonym für »Geborgenheit« ist, wurde uns Binnenländern erst verständlich, als von der stürmischen See die kleinen Fischerboote in den von dicken Mauern, Dämmen und Schleusen geschützten Hafen tuckerten. Draußen auf dem wilden Meer schaukelten sie wie Korkstopfen zwischen Wellenkamm und -tal, so daß es uns Binnenländern angst und bange um das Leben der Fischer wurde. Doch plötzlich, nach dem Überqueren einer unsichtbaren Linie, die offenbar im Hafeneingang zwischen den Spitzen der Kaimauer gezogen war, ruhten sie im Hafengewässer, befriedet und beruhigt wie in Abrahams Schoß. Schon Minuten später legten die Schiffe an der Kaimauer an. Die eben noch in Lebensgefahr schwebenden Männer verließen lachend und spottend ihre Boote, als wären sie ein Kegelclub, der gerade von einer Kaffeefahrt auf einem Rheindampfer zurückgekehrt war.

Auch am dritten Morgen lautete vor dem Radeln der Tagesbefehl: Stadtgang. Christian wollte nicht. Also hockte er sich trotzig, bockig auf den Kai des Hafens.

Der Vater mußte seine Sucht bekämpfen, jeden Ausflug als Gemeinschaftsveranstaltung anzusehen. Auch auf Familienfahrten muß offenbar Gelegenheit für Alleingänge gegeben werden. Auch der Vater muß dazulernen.

Immer geduckt hinter dem Deich ging unsere Fahrt weiter, an der Nordsee entlang nach Holwerd. Unterwegs probierten wir Heringe auf Friesenart, und aus der Kostprobe wurde bald ein köstliches, ausgedehntes Heringsessen. Die Fahrt durch die kleinen Friesendörfer verleitet aber nicht nur zum Schmausen, sondern auch zum Schauen in ungezählte Fenster. Vorhänge sind dabei nicht im Wege. Der holländische Wohnraum zeigt sich offenherzig.

In vielen der ausgespähten Zimmer saß die Familie abends um den runden Tisch und spielte irgendwas, meistens Kartenspiele. – Idylle? Für uns fast Utopie. Vielleicht aber ist es auch ein Hauch von alternativem Leben, Gott sei Dank ohne Ideologie, Leben anders – für den Hausge-

Auf dem Tandem durch Jütland

brauch. Oder ist es ein hohes Maß von familiärer Gelassenheit, das die holländischen Hausbewohner auszeichnet? Vielleicht, vielleicht ist es doch eine Geborgenheit, die sie ausstrahlen und nach der auch wir so sehnsüchtig sind.

Als wir in Holwerd ankamen, stand eine Fähre abfahrbereit. Die Verlockung war zu groß. Bevor wir uns ausführlich besprechen konnten, fuhr das Schiff ab – und wir nebst Rädern auf ihm. Wir wußten nicht, welches Ziel das Schiff ansteuerte. Erst der Fahrpreis beruhigte uns. Über den Atlantik konnte es nicht sein. Dafür war das Fahrgeld zu niedrig.

Es war also nicht New York, sondern Ameland, wo unser Schiff anlegte.

Die Fahrt durch die Dünen von Ameland gehört zu den schönsten Fahrraderlebnissen, die ich kenne. Katrin behauptet, die Lust, sich mit geschlossenen Augen auf dem hinteren Sitz des Tandems durch die Berge, Täler und Schlangenlinien der Dünenwege bewegen zu lassen, könne nur noch von dem Gefühl einer Achterbahnfahrt übertroffen werden, und das ist für sie, jedenfalls jetzt noch, das größte vorstellbare Gefühl. Gute Katrin, auch das wird sich verändern, wenn du groß bist.

Der letzte Tag war der traurigste: die Heimfahrt. In Leeuwarden, der Hauptstadt Frieslands, stiegen wir in den Zug. Natürlich nicht, ohne einen Blick auf die vielen Kanäle im Zentrum geworfen zu haben, die hier von hohen gemauerten Brücken überspannt sind. Pijpen nennt man sie hier. Später erfuhren wir, daß im freundlichen Leeuwarden 1876 eine Margarete Zeller geboren wurde. Sie war die berühmt-berüchtigte Mata Hari, Spionin von Beruf und Berufung. Ein Denkmal haben die Stadtväter der Dame natürlich nicht gesetzt.

Mitgenommen und ermüdet landeten wir um Mitternacht im heimischen Remagen. Der Gepäckschaffner hatte allerdings unsere Räder schon in Köln ausgeladen. Er tröstete uns mit dem Versprechen, daß sie am nächsten Tag nachgeliefert würden.

Allein, was half's? Der Haustürschlüssel befand sich in der Fahrradtasche. Auch der größte und schönste Ausflug kann doch noch in einer kleinen Katastrophe enden.

Auf dem Tandem, das wir uns geliehen hatten, durchquerten meine Frau und ich Jütland, den Norden Dänemarks. In Hirtshals, der nördlichsten Stadt, zogen wir radelnd unsere Bahnen durch die Innenstadt, entdeckten einen Kiosk auf der anderen Straßenseite, steuerten ihn an, kauften uns eine Zeitung – und weiter ging es. Das Aufsteigen auf das Tandem mußte schnell gehen, denn wir wollten rechtzeitig vor einem entgegenkommenden Lastwagen wieder auf der rechten Straßenseite sein. Gut gelaunt radelten wir weiter. Unser Gespräch war angeregt, aber einseitig. Nur ich sprach. Vor einem Gasthaus drosselte ich das Tempo und fragte meine Frau, ob wir hier einkehren sollten. Sie gab keine Antwort. Ich wiederholte die Frage. Immer noch keine Antwort. Ungeduldig rief ich: »Ja oder nein?« Keine Antwort. Erneut, diesmal noch lauter, rief ich: »Ja oder nein?« Verärgert über so viel Antwortverweigerung wandte ich mich schließlich zu meiner schweigenden Frau um. Der Rücksitz war leer.
Meine Frau hatte in der Hitze des Gefechtes mit dem herandonnernden Lastwagen den Aufsprung auf das Tandem verpaßt, und ich, Hals über Kopf losgebraust, hatte anschließend den fehlenden Beifahrer nicht vermißt.
Erst jetzt verstand ich, warum die Passanten in Hirtshals mir alle so ungläubig und kopfschüttelnd nachgesehen hatten, als ich lautredend allein auf dem Tandem an ihnen vorbeifuhr. Sie hielten mich wahrscheinlich für einen einsamen Sonderling auf dem Tandem. Zu Unrecht: In Wirklichkeit war ich ein unfreiwilliger Single, der eigentlich alle Voraussetzungen für die Zweisamkeit besaß. Mein Frau war nur unglücklichen Umständen zum Opfer gefallen. So schrieb der Urlaub seine lebensnahe Parabel: Achte immer auf deine Ehefrau.

Ferien im Wohnmobil

Wenn einer eine Reise macht, dann kann er was erzählen. Und natürlich läßt sich diese Volksweisheit mit mehr Bedeutung ausstaffieren, wozu ein philosophisches Gemüt immer neigt. Der Urlaub als Spiegelbild des Lebens, das klingt anspruchsvoll und tiefsinnig. In der ersten Urlaubshälfte ist es wie mit der Jugend. Vom Ende spricht keiner, und an den Schluß denkt niemand, es geht immer nur aufwärts. Etwa zu Beginn der zweiten Hälfte beginnt jedoch das Zählen: Wieviel Tage noch im Urlaub, wieviel Jahre noch im Leben? In der modernen Lebensbiographie erscheint dieser Punkt als Midlife-crisis.

Die zweite Hälfte des Urlaubs geht schneller vorbei als die erste, und in den letzten drei Tagen ist alle Spannung und Erwartung geschwunden, die Luft ist raus. So ähnlich soll es manchen im Alter gehen.

Das Jenseits des Urlaubs ist Rückkehr in den Arbeitsalltag. Für den einen ist es die Höhe, für den anderen die Hölle.

Für weniger anspruchsvolle Gemüter läßt sich eine Urlaubs-Analogie auch mit dem Stand des Benzinanzeigers im Auto finden. In der ersten Hälfte kannst du unbekümmert weiterfahren, die zweite Hälfte landet viel schneller im roten Reserveteil, und man weiß nie sicher, welche Tankstelle die letzte vor dem leeren Tank ist.

Für diesen Urlaub hatten wir uns wieder einmal ein Wohnmobil ausgesucht (Das »wieder« klingt nach alter Gewohnheit; in Wirklichkeit war es erst das zweite Mal).

Das Wohnmobil unterscheidet sich vom üblichen Wohnwagen dadurch, daß die ganze Besatzung in der fahrbaren Wohnung versammelt ist, und das nicht erst bei Stillstand nach Feierabend, sondern während der Fahrt. Man trägt sein Haus mit sich herum. Das Wohnmobil ist eine Schnecke mit Pferdestärke, in unserem Falle waren es 45 PS.

Unser Urlaub begann mit der gleichen Arbeit, mit der Noah seine Arche reisefertig machte: Von allem und für jeden nur das Wichtigste. Schon die Entscheidung ist schwer, was einem für drei Wochen wichtig erscheint. Die Verlegenheit beginnt schon bei der Auswahl der Bücher (noch in keinem Urlaub habe ich die richtigen Bücher mitgenommen – aber es waren meist zu viele).

Wohnmobil ist Freiheit. Unser Fahrtziel war unbestimmt und vage in die Worte »Frankreich« und/oder »Spanien« gefaßt. Aber schon nach drei Kilometern entschied sich der mobile Familienrat, eine kleine Schleife zu fahren und Oma und Opa zu überraschen. Leider war es schon Abend, und so erreichten wir, etwas abseits des direkten Weges nach Frankreich, Oma und Opa erst nach Mitternacht.

Der Überfall erfüllte seinen Zweck, die Überraschung war groß. Wir luden die fassungslose Oma und den um seine Nachtruhe gebrachten Opa zu einer Stadtrundfahrt durch Rüsselsheim ein. Der Umstände halber konnten die Großeltern die Sightseeing-Tour nur im Nachthemd antreten.

Vor McDonald's warfen wir Anker, und unsere Katrin versorgte uns mit Pommes-Frites-Produkten. Opa kam dies nachts um eins, im Nachthemd, auf dem Parkplatz, alles etwas ungewöhnlich vor. Aber er hatte ja keine Wahl. Seine Alternative war: barfuß nach Hause zu gehen. Wer macht das schon mit 75 Jahren und als unbescholtener Bürger? Im Bewußtsein dieser unserer Stärke, nämlich der »Ausweglosigkeit« des Opas, dehnten unsere Kinder das Nachtmahl über die Maßen aus.

Es blieben uns auf der Straße vor Omas Haus – der Wagen paßte nicht durch die Hoftür – noch drei Stunden Ruhezeit. In diesen drei Stunden backte Oma einen Kuchen. Und ehe wir gegen vier Uhr morgens weiterfuhren, befand sich dieser Kuchen, trotz Protests des Vaters (der bin ich), im Wagen. Vater hielt ihn für überflüssig und Oma für unerläßlich. Oma setzte sich wie immer durch. Doch sie mußte hinnehmen, daß der Kuchen mit Kuchenblech zunächst seinen Platz auf dem Fußboden angewiesen bekam. Und während Oma noch einmal alle Kinder innig, mit vielen Küßchen und Umarmungen verabschiedete, trat sie unbemerkt, aber kräftig, allerdings unbeabsichtigt in den Kuchen. Diese Spur ihres Abschieds fiel uns erst auf, als irgend jemand von der Besatzung nach dem Kuchen verlangte.

Unser Urlaub begann. Bei Mühlhausen überschritten wir die französische Grenze. Wir bewegten uns in Richtung Spanien, abseits der »Geier«, womit unsere Kinder sehr schnell jene Geldsammelstellen auf französischen Autobahnen bezeichnet hatten. Der Weg abseits der Autobahn ist nicht nur billiger, er führt auch tiefer ins französische Leben.

Neben der vielbefahrenen Autobahn Lyon-Avignon, aber fast parallel zu ihr, kamen wir zwar etwas langsamer voran, aber die Seitenstraße führt an mehr Gasthäusern, Dorfplätzen und Menschen vorbei.

Das Leben im Wohnmobil gewährt die schönsten Erlebnisse der Selbstgenügsamkeit und der Selbständigkeit. Irgendwann beginnt an irgendeiner Stelle der Kampf mit dem Mangel. Aber ist erst einmal Wasser getankt (was leichter gesagt als gemacht ist), Benzin ausreichend vorhanden, außerdem das Gas nicht kurz vor dem Erlöschen und auch noch der Abfall, der sonst in unserer Kanalisation landet, auf irgendeiner Sammelstelle weggeschüttet, dann befindest du dich im Gefühl der potenzierten Selbständigkeit: Autarkie auf Rädern.

Wer will einem Wohnmobil verbieten zu parken, wo es will? Denn der Unterschied zwischen Parken und Wohnen läßt sich beim Wohnmobil nicht ausmachen. Du kannst dir auf dem belebtesten Marktplatz einbilden, dies sei dein Wohnort, polizeilich ist es nur ein Parkplatz. Wir parkten an allen möglichen und manchmal sogar unmöglichen Stellen. Fast arrogant hochnäsig sahen wir auf die armen Camper herab, die immer einen umzäunten und beschilderten Platz benötigten, um ihren wohl ausstaffierten Wohnwagen und Zelten und dem unerläßlichen Zubehör eine Bleibe zu bieten.

Es wunderte einen, warum der Hochhausbewohner aus dem 18. Stockwerk plötzlich auf die Campingwiese geht und seine beräderte Wohnung so nah an die des Nachbarn stellt. Auf manchen Campingplätzen kuscheln sich die Wagen nebeneinander, als seien sie Liebespaare. Ein Hustenanfall nebenan hat die Lautstärke eines entfernten Gewitters; sie liegen sich auf der Pelle, und sie wollen es so. Warum eigentlich sind die Großstadtbürger so begierig, sich in den Topf gucken zu lassen? Vielleicht ist die alltägliche Privatisierung und der fast religiöse Rückzug hinter die vier Wände doch nur eine Form der sublimen Isolation und der Campingplatz die Erinnerung an das eigentliche Leben.

Frühstück im Hafen ist eine Mischung aus praller Turbulenz und weltabgewandter Autarkie. Du mußt nur einen festen Standpunkt einnehmen und behaupten, schon strömt das Leben an dir vorbei.

»Grau du Roi« war der Ort unseres ersten Mittelmeerfrühstücks. Um uns herum wimmelte es von flanierenden und arbeitenden Menschen. Und mittendrin wir. Auf der Hafenstraße ein paar Tische, ein paar Stühle und wir mit unseren Kaffeetassen und unseren Croissants.

Unsere Morgenmeditation vor den Kaffeetassen dauerte lang, denn vor uns lief ein Film ab. Wir studierten alles, was das Leben an Typen erfinden kann. Manche spielen nur eine Rolle, und manche sind auch das, als was sie erscheinen: Originale. Sie sind mit ihrer Rolle identisch. Für andere ist die Urlaubsuniform das Kostüm ihrer Selbstdarstellung.

Ältere, die Seriosität ihres Privatberufes im Gesicht, laufen als Cowboys verkleidet über den Kai. Jüngere Arbeiter versuchen sich als Snobs, und Damen in fortgeschrittenem Alter spielen Teenager.

Alle tragen ein Bild von sich mit sich herum, nämlich eines, wie sie gesehen werden wollen. Und so hat auch der Urlaub die heilsame Funktion eines Maskenballs.

Bei St. Cyprien-Plage fand unser rollendes Schneckenhaus erst spätabends einen Platz am Meer. Morgens entpuppte sich der Platz als partieller Nacktbadestrand. Aber selbst für einen Christdemokraten gibt es keinen Grund abzureisen. Das Staunen beginnt jenseits des Sexappeals, denn der Strand offenbarte sich als sublime Arena des Klassenkampfes.

Also über die, die »ohne alles« gehen, können wir zur Tagesordnung übergehen. Sie erfüllen alle Bedingungen von FKK. Schwieriger wird es mit den Frauen, die »oben ohne« bevorzugen. Warum eigentlich nicht »unten ohne«? Ist es vielleicht nicht doch nur eine besondere Form von Angleichung an den Mann? Wer geht eigentlich »oben ohne«? Wer »oben mit« geht, ist diskriminiert. Er trägt das Stigma, nicht mithalten zu können. Es ist die lieblose Welt der Jungen, die ihre Überlegenheit am Strand demonstrieren.

Weg von der gehobenen Nachdenklichkeit: Wir fahren weiter. So viel Neues bietet der Nacktbadestrand nun auch wieder nicht.

Schließlich landeten wir auch an der Costa Brava. Schon das Wort ist Musik im Ohr des Spanien-Profis. Ehrlich gesagt, mir macht die Wirklichkeit weniger Eindruck als das Wort. Denn die Wirklichkeit hat mehr Ähnlichkeit mit einem Hähnchengrill. Das Bräunungsunternehmen, das sich auf heißem Sand vollzieht, ist nur eine Variante des Verfahrens, das im Wienerwald praktiziert wird, zugegebenermaßen mit einer anderen Art des Endverbrauchs. Öl wird jedoch hier wie dort benötigt. Die Hähnchen am Strand bestreichen sich allerdings und drehen sich auch selber. Hier wie dort regelmäßig.

Unser nächstes Ziel waren die Pyrenäen. Es gibt tausend Orte in den Pyrenäen, die von der Zeit vergessen scheinen. Aber so einfach läßt sich die Modernitätsdifferenz nicht »festmachen«. Denn mitten im Ort, der den Eindruck erweckt, von Menschen verlassen zu sein, befindet sich zum Beispiel ein Hotel, und der Patron weiß alle Genüsse der Moderne vorzuzaubern. Daß er außerdem noch ein verspäteter Nationalist ist und sich eigentlich nach Franco sehnt und die Faschisten, wie er andeutet, nicht verachtet, gehört zu seinen schlecht getarnten Geheimnissen. Wer glaubt, der Ort sei frei erfunden, sein Name heißt: »Prullans«. Dort in der Nähe gibt es auch einen schönen Campingplatz mit Schwimmbad.

»Andorra« klingt gut, und für uns war es der Ort, von dem wir aus den Reisebeschreibungen erfuhren, daß er noch ohne geschriebenes Gesetz lebt. In unserer romantischen Erwartung erhofften wir uns ein Land, in dem sich die Pyrenäen in urtümlicher Originalität präsentieren würden. Weit gefehlt! Man traute seinen Augen nicht: Andorra ist »Hertie plus Kaufhof und Neckermann hoch zwei«. Weil alles billiger ist, herrscht dort der permanente Sommerschlußverkauf, und die Hamster aus Frankreich und Spanien haben dort ihren Treffpunkt. Dabeisein ist alles und Mitnehmen noch mehr.

So ein Wohnmobil darf nicht als ein Ort der trauten Harmonie vorgestellt werden. Es ist wie bei den Ratten, die auf allzuengem Platz versammelt sind. Ab und zu bricht Aggression aus. Die Ratten beißen, wenn sie sich zu nahe kommen. Beißen taten wir uns zwar nicht. Aber ein kleiner Hauskrach ist schon hier und da fällig, und er hat viel Ähnlichkeit mit dem Beißen, wenn auch ohne Zähne. Man muß ihn als Tribut an die beschränkte psychische Leidensfähigkeit der Menschen hinnehmen. Wir hockten schließlich drei Wochen ganz dicht beieinander! Nach dem Aggressions-Gewitter war es immer schön frisch: Die Luft war so rein.

Der Atlantik war für uns die dritte Etappe unserer Wohnmobiltour. Seine Wellen sind von furchterregender Größe, »Mimizan« hat die größten. Unter Vernachlässigung der Feinheiten gibt es drei Varianten im Wellenspiel. Die erste liegt nahe am Ufer. Die Wellen wirken dort wie ein Wasserquirl im Sanatorium. Die Waden werden von aufgeregtem Schaum umspült, und für ältere Leute mag das dem Lustgefühl einer Massage gleichen. Ganz weit draußen funktionieren die Wellen wie die Berg-und-Tal-Bahn auf dem Kirmesplatz. Du wirst hochgehoben und wieder abgesenkt: alles in beruhigendem, gleichmäßigem Spiel.

Aufregend wird es erst in der mittleren Zone, dort wo die meterhohen Wellen höher emporsteigen, als sie eigentlich können. Mit anderen Worten: Sie überschlagen sich, weil der Wellenkamm schneller zur Erde zurück muß, als er hoch kam. Wer an genau dieser Stelle seinen Standplatz im Meer sucht, den trifft die Wucht des Wassers so, daß er nicht immer weiß, wo oben und unten ist. Der untere Teil ist dabei der härtere. Denn die Demütigungen des Wassers beugen den Mutigen bis in den Grund, und der besteht aus reibeisenartigem Sand. Das ist nicht immer schmerzlos. An einer Felsküste kann der Boden wie ein Beil funktionieren. Die Welle wirft dich gegen die scharfen Felskanten.

Unsere Heimfahrt ist lustlos – wie manchmal das Leben im Altersheim. Niemand erwartet mehr etwas von der Fahrt, und selbst die abendlichen Vorstellungen von Annette und dem Vater vermögen den Rest des Publikums nicht mehr von den Stühlen zu reißen. Diese Vorstellungen waren über Tage hinweg unser Fest in dem scheinbar gleichmäßigen Ablauf des Tages. Jeden Abend begaben sich Annette und der Vater auf die Bühne ihres Bettes, das über dem Fahrersitz angeordnet war, und sangen – wie das Leben eben so ist – Opern, spielten Kriminalstücke, die in ihrer Einfallslosigkeit durch nichts zu übertreffen waren, aber gerade deshalb großen Erfolg beim Publikum hatten.

Und dieses Publikum, Mama, Katrin und Christian, kann sich jetzt zuhause über die Entbehrungen dieser abendlichen Kulturgenüsse nur dadurch hinweghelfen, daß es auf ihre Wiederholung im nächsten Jahr hofft.

Philemon und Baucis in Lappland

Mittagessen in karelischen Wäldern

Auch in Urlaubs- und Ferienzeiten ist die innerfamiliäre Kulturarbeit nicht außer Betrieb gesetzt. Schließlich sollen aus geborenen Barbaren guterzogene Kulturbürger werden. Da scheuen Eltern keine Kosten und Mühen.
Selbst auf der Fahrt zum langersehnten Urlaubsziel in den karelischen Wäldern war ein Abstecher zu finnischen Kulturgütern eingeplant: Die Kirche in Kerimäki, die größte Holzkirche der Welt, war dafür vorgesehen.
Der Umweg verzögerte jedoch die Ankunft am Zielort um mehrere Stunden. Das traf auf die einhellige Ablehnung unserer Kinder. Mutter und Vater lehnten den Einspruch kurz und knapp ab: Kultur hat schließlich Vorfahrt vor Kinderwünschen. Gott sei Dank saß ich am Steuer, was der Durchführung des elterlichen Beschlusses ein gewisses Gewaltmonopol verschaffte.
Auf dem Parkplatz vor der Kirche angekommen, forderten Mutter und Vater die auf dem Rücksitz versammelten Kinder zum Verlassen des Fahrzeuges auf: Besichtigung war angesagt. Die drei lehnten stur und stumm ab. Auch der energischen Wiederholung der Aufforderung widersetzten sich die Kulturbanausen. Also Streik gegen Besichtigungspflicht. Da das Streikrecht als Teil der Koalitionsfreiheit grundgesetzlich gesichert ist, kapitulierten wir vor der Inanspruchnahme dieses Grundrechtes durch unsere Kinder und resignierten vor ihrem Streikwillen. Doch auch wir waren nicht machtlos und ohne Repressionsmittel. Unsere Revanche: Wir besichtigten die Kirche ohne Kinder, dafür um so länger und ausführlicher. Unsere kleinen hungrigen Kinder blieben derweil einsam und verlassen im Auto zurück.
Die Kirche von Kerimäki ist ein eindrucksvolles Bauwerk: 45 Meter lang, 42 Meter breit und 27 Meter hoch. Die Sitzplätze ergeben in einer Reihe aufgestellt eine Strecke von 1 670 Meter. 3 000 Personen finden hier Platz.
Ihre Größe soll die Kirche eher einem Mißverständnis verdanken. Ihre Vorgängerin war abgebrannt. Aber ein nach Amerika ausge-

wanderter, inzwischen reich gewordener Sohn von Kerimäki erfuhr von dem Unglück in seiner Heimat. Er spendierte aus Heimattreue und Nostalgie seiner Heimatgemeinde eine neue Kirche und lieferte dazu auch gleich die Bauzeichnung mit. Die Finnen bauten zu Hause nach der Vorlage des reichen Auswanderers. Was die amerikanischen Architekten jedoch in Fuß ausgedrückt hatten, berechneten die finnischen Bauleute gewohnheitsgemäß im Metermaß, und so wurde die Kirche dreimal größer, als ihr Spender eigentlich wollte. Er soll dennoch gezahlt haben.

Viele Jahre nach unserer ersten kinderlosen Besichtigung reisen wir wieder zusammen durch Finnland. Unsere Kleinen von einst sind inzwischen groß und erwachsen. Rückfällig und rechthaberisch schlage ich wie damals vor: Besichtigung von Kerimäki. »Wieso?« rufen die drei entsetzt und wie aus einem Munde. »Die Kirche kennen wir doch.«

»Nein, die könnt ihr nicht kennen. Ihr habt vergessen, daß ihr damals im Auto sitzen geblieben seid.«

Alle drei lachen mich aus. Das läßt sich leicht aufklären, denke ich. Und so stelle ich siegesgewiß ein paar Fragen: Wie sieht die Kanzel aus? Wie der Altar? Wie sind die Kirchenbänke angeordnet? Zu meiner Überraschung werden alle Fragen prompt und richtig beantwortet.

Das Rätsel hat eine Lösung: Unsere drei Besichtigungsverweigerer von einst waren damals keineswegs im Auto sitzen geblieben, sondern heimlich hinter uns hergeschlichen; allein von der Furcht geplagt, von uns in der Kirche gesehen zu werden oder nach uns ins Auto zurückzukehren. Ihrer Schlauheit und Vorsicht verdanken sie, daß beides nicht passiert ist. Und als wir Alten damals zurückkamen, saßen sie gelangweilt und trotzig genauso auf dem Rücksitz, wie wir sie verlassen hatten.

Eigentlich hätte es die zurückkehrenden Eltern schon damals stutzig machen sollen, daß die Kinder ihre lange Abwesenheit anscheinend friedlich überstanden und jedenfalls ohne Schlägerei zugebracht hatten. So etwas war damals völlig ungewöhnlich.

Die späte, glückliche Auflösung eines lange zurückliegenden inner-

familiären Konfliktes beweist jedenfalls, daß in den jungen Barbaren, für welche die Eltern ihre Kinder meist halten, mehr Kulturhunger enthalten ist, als durch elterliche Zwangsmaßnahmen ans Tageslicht befördert werden kann.
Der Schein trügt eben zuweilen.

Huosiolampi – Unser Tuskulum

Wir – das ist unsere Familie – können uns schwer entscheiden zwischen dem eingefleischten Hang, Neues zu erleben, und der Sehnsucht, Vertrautes zu genießen. Was liegt näher, als sich in einem solchen Fall auf das Modell halbe-halbe, also auf einen Kompromiß zu einigen. Für den Urlaub heißt das: Ein Jahr ins noch Unbekannte, das andere ins längst Bekannte, und das ist für uns »Huosiolampi« in Finnland.

Es ist ein Erlebnis mit paritätisch wechselndem Vergnügen, mit der Autofähre von Land zu Land transportiert zu werden. Die »Finnjet« pendelt zwischen Travemünde und Helsinki. Auf der Hinfahrt in der Autoschlange, die auf dem Travemündener Kai wartet, in die Finnjet eingelassen zu werden, begleitet unser Mitleid die Heimkehrer, die mitsamt ihrem Auto aus dem Schiffsleib ausgespieen werden. Die haben schon hinter sich, was wir noch vor uns haben: den Urlaub.

Am Urlaubsende dagegen sitzen wir auf der anderen Seite. Wir fahren neidisch an jener Autoschlange vorbei, die das Ende unseres Auslademanövers ungeduldig abwartet, um dann hastig in das Schiff einzufahren: Wie schnell wird man vom Nachfolger zum Vorgänger.

Das Beladen der Fähre vollzieht sich für mich nach wie vor – und das nach vielen Jahren Erfahrung – nach einer mir nicht verständlichen Methode. Mal beginnt die Einschiffung mit der ersten Reihe der Autoschlange, dann fährt die dritte, und die vielleicht nur bis zur Hälfte. Die letzten sind manchmal die ersten. Und oft entsteht eine

Frachtmischung aus einem Teil der ersten Reihe mit einem Teil der letzten, und das Ganze wird so durchgeführt, daß auch ein Teil der mittleren Autoreihe nicht ganz vergessen wird.

Die Weisheit des Systems ist so unerforschlich wie die Ratschläge Gottes. Oder haben sich auf der Verladefläche die Götter als Rangiermeister maskiert? Vielleicht ist es auch nur die Uniform, die normale Menschen plötzlich mit einem Omnipotenzgefühl ausstattet, das man ihren Gesichtern und dem respektgebietenden Tonfall anmerkt. Ihre Handbewegungen gleichen den schicksalhaften Fingerzeigen Gottes. Man klebt mit den Augen an ihren wegweisenden Händen, zittert vor dem möglichen Stoppzeichen, hofft, daß das Handzeichen für freie Fahrt wenigstens so lange oben bleibt, bis das eigene Auto die menschlichen Signalstellen hinter sich gelassen hat, und ist maßlos enttäuscht, wenn ausgerechnet, nachdem der Vordermann noch losfahren darf, das Stopp kommt. Wenn schon Stopp, dann doch bitte drei Wagen früher. Dann empfindet man die Willkür des Auswahlverfahrens nicht so deutlich.

Angekommen im »Altbekannten«, wiederholt sich jedes Jahr das Ankunftserlebnis. Es ist alles beim alten und deshalb gar keine Überraschung weit und breit. Es liegt im Sinne der Wiederholung, keine Neuigkeiten zuzulassen.

Immer dasselbe? Doch wir freuen uns auf das Altbekannte. Eine Hütte am See, viele Bäume, viel Wasser, Fische, Pilze, Blaubeeren, ein Bauer weit entfernt, Mücken, viel weniger als jene vermuten, die uns bedauern…

Im Altbekannten gibt es keine Orientierungsunsicherheiten und keine Eingewöhnungsschwierigkeiten.

Huosiolampi ist unser Tuskulum: eine kleine Hütte an einem kleinen finnischen See. Die Veranstaltung steht unter dem Verdacht der Langeweile. Aber plötzlich erhalten die kleinen Veränderungen des Gewohnten eine große Bedeutung.

Ist alles noch so, wie es im letzten Jahr war? Das Bauernhaus, wo wir uns den Schlüssel für die Hütte abholen, hatte jedenfalls in jedem Jahr eine kleine Veränderung erlebt, und in diesem Jahr war es eine fast epochemachende Umwälzung gewesen: Der Bauer ist auf Wassertoilette umgestiegen. Das sind Fortschritte, die hier zählen. Sie kommen sicher nicht ganz der Erfindung des Rades gleich, aber der Stolz, den der Bauer bei der Vorführung zeigt, entspricht dem Fortschritt, durch den sintemal das elektrische Licht die Petroleumlampe verdrängte. Für Überheblichkeit des Berichterstatters ist hier kein Platz, noch nicht einmal im Unterton. Vielleicht ist die Elle, mit der wir unsere Fortschritte messen, zu grobschlächtig, um die kleinen Verbesserungen des Alltags zu messen.

Der Reiz der Wiederkehr liegt in der Spannung zwischen »gleich« und »anders«. Das ist kein mathematisches Verhältnis, sondern eine Mischung, in der die kleinen Veränderungen jene Qualitätssprünge bewirken, die das Salz in der Suppe ausmachen.

Die Birken am Wegrand, das Schilf am See, die Feuerstelle vor der Hütte und die Spuren unseres letzten Aufenthaltes, sie sind so unverändert, als wäre inzwischen kein Jahr vergangen und kein harter Winter über das Land gezogen.

Wie jedes Jahr lullen wir uns hier am See in einer Holzhütte jenseits der Zivilisation ein. Wenn wir immer in Huosiolampi leben könnten, ich glaube, wir würden Moos ansetzen. Mein Gesicht hat längst die Erinnerung an das Rasiermesser vergessen, unser Sauberkeitsstandard paßt sich dem unserer Umgebung an, nicht immer superfein, dafür aber naturrein. Und wenn meine Klamotten den Anschein erwecken, daß sie der Reinigung bedürftig wären, dann springe ich mit allem Drum und Dran in den See. So ein Bad in voller Montur ersetzt die beste Waschmaschine. Die Wäsche ist nachher tiefgetaucht und reingeweicht. Ich fühle mich als lebendige Waschmaschine, eine Art Selfmade-Meister-Proper. Auch die Trockenmaschine, die den Vorgang beendet, ist energiesparsam, reparaturunanfällig und pflegeleicht. Sie besteht aus einer Kordel, die zwischen zwei Bäumen befestigt ist und über die das ganze nasse Zeug einfach geworfen wird. Der Wind besorgt den Rest.

Der Tag vergeht in Huosiolampi so schnell wie nie. Zeit ist anscheinend nur eine Frage ihrer Füllung: Unwichtiges dehnt, Wichtiges kürzt. Wir haben Kurzweile.

Die Rückkehr zum Altvertrauten ist mit Überraschungen gespickt. Ich kenne in Huosiolampi jeden Grashalm wie meine Hosentasche. Es kann mich nichts überraschen, und verändert hat sich nichts, oder doch? Ganz unverhofft trifft man beim Wiedersehen inmitten des Gleichgebliebenen den Unterschied zu gestern. Eine Birke, die wir in Saft und Kraft in Erinnerung hatten, steht verdorrt.

Ein kleiner Kaufladen, wir nannten ihn den »Kaufhof«, kaum ein paar Quadratmeter groß, ist geschlossen, die Fenster sind vernagelt. Das Haus verfällt. Wahrscheilich ist der Kaufhausbesitzer gestorben.

Die Vergänglichkeit der Zeit tickt in ganz kurzen Abständen. Der Tod ist keine Epochensache.

Die Spannung, ob das Immergleiche immer gleich geblieben ist, beginnt schon mit der Fahrt von Helsinki nach Huosiolampi. Gespannt wartet die ganze Autobesatzung – das sind Mutter und Vater, Christian, Katrin und Annette – auf jenen Punkt an der Strecke, an dem sich die russische Grenze bis an die Straße heranwagt, und immer genau an dieser Stelle machen wir halt.

Also, da beginnt Rußland, ein paar Meter weiter. Aber das Grenzhäuschen, das beim letzten Mal noch in greifbarer Nähe war, ist verschwunden. Das Niemandsland hat sich offenbar verbreitert.

Zwanzig Kilometer vor dem Ziel ist die Aufregung kaum noch zu bremsen. Jetzt kennt jeder jede Bodenwelle, und etwa achthundert Meter vor dem Ziel unserer Reise kommt rechts ein kleiner See, und an ihm steht unverändert ein kleiner roter Tisch, in den vor acht Jahren – bei unserer ersten Wiederkehr – Marita ihren Namen eingeritzt hat. Und so steht der Name jetzt noch, als wäre er gestern in den Tisch geschnitten worden. Mein Gott, was ist in den acht Jahren alles passiert?

Der Bauer ist so, wie er immer war, ganz unverändert. Doch die Kinder des Bauern sind viel größer und anders, als wir sie vor zehn Jahren kennenlernten. Die langsame Veränderung macht sich immer nur in zeitlichen Abständen bemerkbar. Bei unseren Kindern fiel mir die Veränderung nie auf. Merkt man die Veränderung meist nur bei anderen?

Bis jetzt habe ich mich mit Christian im Urlaub höchstens gebalgt, und das immer mit jener väterlichen Zaghaftigkeit und mit der Angst, ihm wehzutun. Diesmal war ich in drei Ringkämpfen ohne den Hauch einer Chance, obwohl ich meinen Sieg tagelang lautstark angekündigt hatte und die eigene Niederlage nachher nur zögernd und widerwillig eingestand. Die Überholung des Alten durch das Junge ist eine originelle Lebenserfahrung.

Zu den Neuigkeiten dieses Urlaubs gehört auch die Erfahrung, daß väterliche Autorität offenbar auf schwachen Füßen steht. Im Sturm auf dem See ist jedenfalls die ganze Familie beruhigt, als Sohn Christian das Ruder übernimmt. Das ist nach der Ringkampferfahrung die zweite väterliche Abdankung. Während die erste sich noch im Gaudibereich abspielt, schrammt die zweite schon existentielle Dimensionen. Jetzt ist Christian in gefährlichen Situationen der Vertrauensmann der Familie. So beginnt die Abdankung des Vaters, laut- und proklamationslos, ohne familiäres Bedauern.

Die geräuschlose Ablösung des Ideals »Vater ist der beste Krisenmanager« versuche ich nur dadurch zu kaschieren, indem ich behaupte, mein Platz am Heck des Bootes sei

Robinson am selbstgebauten Küchenherd

Stille … Ruhe in Huosiolampi

dank meines großen Gewichtes besser geeignet, um das Schlingern bei schwerem Wellengang zu vermeiden. Die Kinder beerben die Eltern auch an Kraft und Geschicklichkeit. Man merkt's nur nicht, bis es auffällt, bei mir in Finnland – na ja.

Zu meinen Kindheitsträumen zählt, einmal Blaubeeren zu essen ohne die Angst, daß der Teller bald leer und in der Schüssel kein Nachschlag mehr ist. Wir haben in Finnland einen Eimer Blaubeeren gesucht und gegessen. So viel, daß ich von Blaubeeren satt war. So stelle ich mir den Himmel vor. Nach Finnland weiß ich, es gibt ein Glück ohne Angst vor dem Ende. Der Eimer Blaubeeren hat es mich gelehrt.

Zu Hause angekommen, kaufen wir sofort Blaubeeren. Es ist der untaugliche Versuch, Huosiolampi mit Bonn zu kreuzen, wenigstens bei den Erinnerungen an Blaubeeren. Alles umsonst, die gekauften schmecken ganz anders als die selbstgepflückten. Und ich finde in Bonn keine Blaubeeren, die ich pflücken könnte.

Im Wald, unweit unserer Hütte, entdecken wir die Überreste einer Brücke, die wir vor vielen Jahren gebaut haben, und die Nägel einer Hochsprunganlage, mit denen wir zwischen zwei Bäumen Latten befestigt hatten, stecken noch dort, wo sie vor sechs Jahren eingeschlagen worden sind.

Wieviel Schnee ist in Finnland seit der Zeit gefallen? Unsere belanglosen Spuren, die wir im Vorübergehen hinterlassen haben, hielten dem Wetter und vielen Wintern stand.

Das Wiederkehren von längst Vergessenem ist eine Erkenntnis besonderer Art. Kann es nicht sein, daß aus solchen Erlebnissen der alte Sokrates seine Theorie von der Anamnesis gewonnen hat, daß nämlich jede Erkenntnis Wieder-Erkenntnis ist?

Vielleicht blitzte bei alten Hirtenvölkern auf diese Weise zum ersten Mal Erkenntnis auf, wenn sie zum zweiten Mal auf denselben Platz kamen und von dem schon einmal Gesehenen plötzlich überrascht wurden. Die erste Form von Wissen ist wahrscheinlich die Erinnerung durch Wiederentdeckung des Bekannten.

Langweilig wird es in Finnland nie, obwohl wir gar kein Programm haben. Der Tag rast vorbei, ohne daß man es merkt.

Die kleinen Expeditionen haben es in sich. Nicht sehr weit braucht der Weg zu sein, mit alten Fahrrädern oder in unseren Gummistiefeln: Die Erkundungen sind immer voller Überraschungen. Man darf auf die Abenteuer nicht krampfhaft warten, sie kommen von selbst. Sich treiben lassen bringt immer Neues, vor allem Neues, das nicht erwartet wurde. Es ist wie auf dem Floß im Fluß: Wenn etwas kommt, was dich interessiert, mußt du am Ufer festhalten.

Was ich in Finnland immer eigenartig empfinde, ist die Lust der Natur am Licht. Möglicherweise kommt diese Empfindung auch nur daher, weil wir wissen, daß im Winter hier die Dunkelheit herrscht. Gibt es in Finnland im Sommer mehr Licht als anderswo? Ich kenne die sonnengleißenden Marktplätze Italiens und das heiße Sonnenlicht über südländischen Seen. Sonne, die sticht, austrocknet und quält, ist eine Erfahrung des Südens. In Finnland dagegen erscheint mir das Licht des Sommers versöhnt mit der Natur. Das finnische Licht erweckt deine Lebenssäfte, das südliche drückt sie.

Es kommt mir so vor, als würde in den wenigen Sommermonaten, in denen die Sonne hier im Norden kaum verschwindet, die Natur alles nachholen und mit ungeheurer Kraft in einem Sommer so viel Licht verzehren, wie anderswo im ganzen Jahr. Es ist so, als würde die Sonne im Sommer wiedergutmachen wollen, was sie im Winter versäumt.

Die Aufregungen des oberflächlich so gleichmäßigen Alltags bestehen aus lauter Nicht-Sensationen: in einer Verletzung, die das Barfußlaufen nach sich zieht, aber auch in den Verwandlungskünsten des Sees, der vor unserer Hüttentür liegt – plötzlich bemerkt man, daß dieser See, der so ohne aufreizende Attraktionen in der Landschaft liegt, sich ständig verändert. Wer seine Sehgewohnheiten vornehmlich durch optische Überfälle der hektisch wechselnden Leuchtreklame trainiert, merkt von den Feinheiten der Wandlung unseres Sees wenig. Mal erscheint er dunkel und traurig, manchmal vom Wind gekräuselt aufregend jung, und ein anderes Mal versteckt er sich, wie im Tanz, unter einem unruhig in Bewegung befindlichen Nebelschleier. Mit jeder Luftveränderung ändert unser See seinen Charakter. Das wechselnde Licht läßt sein Gemüt mit immer anderem Gesicht erscheinen. Bisweilen schaut der See dich so trotzig und wild an, daß dir angst und bange wird. Und dann kennt er wieder Stunden, in denen er so bescheiden still ist, daß man sich gar nicht vorstellen kann, er könne jemals anders aussehen.

Das bißchen, was wir im Auto mitbringen an Kleidung und Gerät, ist nicht viel für fünf Personen. Aber kein noch so perfekter Trimm-dich-, Sport- oder Spielplatz bietet so viel an Gerätschaften, wie wir in wenigen Tagen mit Seilen und Baumstämmen hergerichtet haben. Unsere Höchstleistung war in vielen Urlaubsjahren ein Ho-Chi-Minh-Pfad. Das, was wir so nannten, war nichts anderes als eine Seilbrücke, die wir zwischen großen Bäumen befestigt hatten und die man nur mit großem Geschick und viel Balancegefühl, das ich leider nicht immer hatte, überqueren konnte. Diesmal war an Stelle dieses traditionellen Pfades ein Schwebebalken getreten, der im Unterschied zu seinem Vorbild aus den Turnhallen wirklich schwebte. Unser Schwebebalken war ein gefällter, langer, dünner, von seinen Ästen befreiter Baum, den wir in die Waagerechte zwischen zwei anderen Bäumen brachten.

So war der Stolz unseres Spielgeländes in diesem Jahr eine Schaukel, deren Qualitäten von keiner Hollywood-

Ausgabe erreicht werden. Ein Baumstamm, zwischen zwei Birken an einem langen Seil befestigt, ergibt einen Schaukeleffekt, dessen Kurven jeder geometrischen Beschreibung spotten. Einen besonderen Reiz besaß unsere Konstruktion dadurch, daß die Schaukel bis weit über den See hinausschwang. Es wurde zur Mutprobe, genau dann loszulassen, wenn sie ihren Umkehrpunkt über dem Wasser erreicht hatte. Ein Sekunde zu spät, und man wäre auf der harten Uferböschung gelandet. Manche von uns wagten diese Übung erst auf Befehl, Mutter hingegen nach gutem Zureden.

Jede Heimfahrt wird von einem Hauch von Trauer begleitet. Werden wir jemals unsere Hütte in Finnland wiedersehen? Den See, das Boot, die Wiese…? War dies unser letzter Urlaub in Huosiolampi?

Schon bei unserem ersten Urlaub schieden wir mit Wehmut, und je öfter wir hier waren, um so schwerer war der Abschied und um so näher lag das »Zum-letzten-Mal«. Wir wollen wiederkommen; werden wir es auch schaffen, alle fünf, die ganze Familie? Zwei Jahre sind eine lange Zeit. Es mischen sich in das Urlaubsende immer die Zweifel an der Wiederholung. Schon nach dem zweiten Urlaub schrieben wir in des Bauern Gästebuch: »Zweimal waren wir hier, warum nicht auch ein drittes Mal?« Inzwischen sind es dreizehnmal geworden, und irgendwann muß ja Schluß sein.

Die Liturgie des Abschieds vollzieht sich immer nach demselben Muster. Wenn alles gepackt, der Platz vor unserer Hütte von unseren Bauwerken entblößt ist, rundum alles aussieht wie glatt geschoren und als hätte es uns hier niemals gegeben, der Autoschlüssel schon im Zündschloß steckt, der Autodachträger noch einmal auf seine Haltbarkeit kontrolliert ist, rudern wir noch einmal über den See, und keiner sagt ein Wort. – Dann starten wir; es geht los, am Bauernhof vorbei, noch einmal Händeschütteln, Win-

Selbstversorger, weitab von der Zivilisation: Reusen werden aus dem See geholt

Auf Schleichpfaden rund um unsere Hütte in Finnland

ken, bis zu einer Scheune links vom Weg, sie entzieht uns abrupt dem Blick des Bauern, ein kräftiges Hupen... Wir sind auf der Heimfahrt – und vielleicht auf Nimmerwiedersehen.

Auf der Finnjet, irgendwo zwischen Helsinki und Travemünde, rasiert sich der Vater, und das ist dann, als würde die Fahne eingezogen. Alles, was danach kommt, ist wieder alltägliche Normalität.

Kaum hatten wir den Hafen von Helsinki hinter uns, als uns und das Schiff ein kräftiger Sturm durchschüttelte. Auf das Oberdeck klatschte kalter Regen, und dort fanden Katrin und Annette, in einer Ecke zusammengekauert, einen kleinen Vogel. Sie hatten ihn zuerst für den Rest eines Apfels gehalten. Vorsichtig transportierten sie den halberfrorenen Piepmatz in unsere Kabine. Er fühlte sich an wie ein kleines, lebloses, kaltes Klümpchen. Was aber tun, als er »auftaute«? Wir konnten ihn schlecht in den Sturm entlassen. Als am anderen Morgen das Wetter sich beruhigte, wollte auch unser Gast von dannen. Wir bezweifelten aber, daß sein »Vogelradar« auf hoher See richtig eingestellt und seine Kraft bis zum nächsten Ufer reichte. Also, Piepmatz blieb bei uns, überquerte in Mutters Kosmetiktasche die Grenze und fuhr im Auto mit uns noch bis Remagen. Als bevorzugten Fahrplatz hatte er sich die Köpfe der Mitfahrer ausgesucht. In Remagen übernachtete er mit uns, und am Morgen verabschiedete ihn die Familie. Er tippelte noch ein paar Schritte auf unserem Balkon, dann zwitscherte er davon. Ich behaupte, daß er noch immer um unsere Wohnung flattert, und zum Beweis zeige ich auf die Vögel, die vor unserem Fenster herumfliegen. Es läßt sich nicht bestreiten; die meisten sehen ihm verblüffend ähnlich. Christian jedoch zerstört penetrant unsere Illusion. Er behauptet fest und steif, Piepmatz sei ein Vogel-Hippie, dem der jährliche Winterflug zu anstrengend sei und der sich deshalb aufs Trampen verlegt habe; er sei längst weitergezogen. Spätestens im Frühjahr könnten wir ihn auf der Finnjet Richtung Finnland wiedersehen. Mal sehen...

Auf der Heimreise überfällt mich auf dem Deck der Finnjet ein Handwerksmeister mit seinen Sorgen. Es sind wirklich Sorgen. Und abseits aller Bildungsideologien, die wir so politisch abzusondern gewohnt sind, macht er auf die Alltagsschwierigkeiten der Ausbildung aufmerksam, und hinter seinen Aggressionen ist ein liebenswerter Idealismus erkennbar. Es geht ihm um die Qualität der Lehrlingsausbildung. Die Berufsschule unterbreche die Arbeit an einem Stück. Die Lehrlinge könnten gar nicht von Anfang bis zum Ende ein Möbelstück anfertigen; außerdem würden sie auf der Berufsschule wenig lernen. Ich weiß nicht, ob er in allem recht hat. Aber mit Sicherheit ist er kein Profitgeier. Jedenfalls glaube ich ihm, daß es ihm nicht ums Geld geht, sondern darum, daß »seine« Lehrlinge etwas lernen und »ordentliche Gesellen« werden.

Wie immer ist der Urlaub erst zu Ende, wenn wir in den Hafen langsam einfahren. Jetzt beginnt wieder die Tretmühle. Ganz schnell ist alles wie gehabt. Schon auf der Autobahn liegt Huosiolampi Lichtjahre zurück. Die Erde hat uns wieder!

Drei Autobahnspuren. Ich fahre auf Spur zwei. Auf Spur drei folgt ein Ford, kaum eine Autolänge hinter mir. Der Audi auf Spur eins, der sich mit mir fast auf gleicher Höhe befindet, fährt jedoch plötzlich ohne jede Vorwarnung auf meine Spur. Zum Ausweichen also kein Platz. Nach den Gesetzen der Logik muß Auto Nummer eins das Auto Nummer zwei rammen, oder Auto Nummer zwei macht das gleiche mit dem Auto auf der dritten Spur. Die wenig erfreuliche Alternative für uns scheint also zu sein: rammen oder gerammt werden. Doch Gott sei Dank kann ich mich nicht so schnell entscheiden. Ich bleibe zwischen Spur zwei und Spur drei im Unentschiedenen, gespannt, ob der Knall jetzt rechts oder links kommt. Doch der Knall bleibt aus.

Wir kommen auf unerklärliche Weise aneinander vorbei. Quintessenz: Auch Unentschlossenheit kann lebenserhaltend sein.

PS. Nach der ausgefallenen Katastrophe beschimpft Autofahrer Nummer drei den Autofahrer Nummer zwei und der Autofahrer Nummer zwei den Autofahrer Nummer eins. Alles nur mit Gesten (die bekannte Handbewegung zum Kopf soll auch dabei gewesen sein), aber wortlos und dabei fast die ausgefallene Katastrophe nachholend.

Am Ende der Ferien nach einem langen Sommer in unserem karelischen Tuskulum »Huosiolampi« gingen wir auf Lappland-Expedition. Wir verließen traurig unsere Hütte am See und machten uns auf die große Reise gen Norden. Je tiefer wir in die Landschaft des Nordens eintauchten, um so stärker zog es uns noch höher: bis zum Nordkap. Unser vorläufiges Etappenziel war Hammerfest, die nördlichste Stadt der Welt. Merkwürdig, je näher wir dem Ziel kamen, desto größer wurde das Schlafbedürfnis der Kolonne. Die Dramatik des morgendlichen Wechsels von der Horizontalen in die Vertikale nahm mit den Breitengraden zu und war schließlich nur durch die größten Grobheiten des Vaters zu überwinden. »Auf nach Hammerwackelisch!« hieß mein morgendlicher Schrei. »Hammerwackelisch« war nur das familieninterne Codewort für Hammerfest.

Endlich war auch das Endziel, das Nordkap, erreicht. Wir warteten auf dem Kai in Honningsvåg in einer langen Autoschlange auf die Überfahrt mit einer kleinen Fähre. Die Kinder nutzten die Wartezeit auf ihre Weise und benutzten unser geliehenes Auto als Turngerät. Sie benahmen sich wie immer und simulierten eine wildgewordene Affenhorde. Vater saß derweil gelangweilt auf einem kleinen Mäuerchen am Hafenrand etwas abseits, schon leicht verdreckt, in eine alte Hose und in einen dicken Rollkragenpullover verpackt, die beide durch nächtliche Lagerfeuer schon leicht angesengt waren. Eine alte Kappe auf dem Kopf verlieh ihm den Rest eines norwegischen Originals. Der Bart hatte schon wochenlang keine Rasur erlebt.

Plötzlich legte, wie aus dem Nordmeer aufgetaucht, ganz unvermittelt ein Kreuzfahrtschiff an. Die Gangway war kaum heruntergelassen, da verließ schon eine schnatternde Touristenmenge das Schiff. Mit Fotoapparaten bewaffnet, nach allen Seiten gestikulierend, schoben und stießen sich die Leute von Bord.

Das Objekt ihrer Suche war offenbar ein typischer Norweger, den sie auf die Fotoplatte bannen wollten, damit auch der heimischen

Verwandtschaft die Authentizität der Abenteuer bewiesen werden konnte.

Wen wundert es, daß ich den amerikanischen Nordkapfahrern als erstes ins Auge fiel? In meinem Aufzug war ich ein Blickfang. Im Nu hatten sie mich umringt und quasselten in englischer Sprache auf mich ein. Als typischer Norweger verstand ich natürlich kein Wort, brummte dagegen unverständliche Worte in meinen Bart und war wider Willen und ohne Einverständnis der meistfotografierte Mann von Honningsvåg.

Man umlauerte und umlagerte mich in allen Stellungen: von oben, von unten, von allen Seiten, mit und ohne Stativ, mit und ohne Blitzlicht. Man ließ keinen Blickwinkel aus und gab sein Entzücken mit Kichern und Grunzlauten bekannt, stupste sich gegenseitig zur Seite, um den besten Standplatz fürs Fotografieren zu ergattern. Ich erlebte eine Orgie von Klick und Klack.

Vor mir der Fotofanclub und hinter mir die Affenbande, meine Kinder, die mich unaufhörlich mit »Angeber, Angeber« und ähnlich diskriminierenden Titulierungen anpöbelten. Ihr Lachen und Spotten kippte mich fast aus der Rolle. Doch ich blieb mit eiserner Gelassenheit meiner Pose als Original-Norweger treu. Ich hatte sie mir schließlich nicht selbst gewählt und hätte mit plötzlicher Aufklärung über meine Nationalität an diesem Ort und vor diesen Fotografen nur große Enttäuschung ausgelöst. So herzlos will niemand sein. Wer A sagt, muß auch B sagen, erinnert mich ein altes Sprichwort meiner Mutter.

Und so bin ich mit Sicherheit im fernen Amerika als ein typischer kerniger Vertreter des schönen Landes Norwegen in Erinnerungsalben eingegangen, die noch die Enkel der Kreuzfahrtteilnehmer zu einer Reise nach Norwegen animieren werden. Wer bezahlt mir eigentlich die Tantiemen?

Eindrücke aus Deutschland

1. Mai 1992: Ein Tag in Deutschland

Morgens in Hamm: Auf der zentralen Maiveranstaltung der DAG war es wie alle Jahre wieder gewesen: 1. Musikstück vorweg; 2. Grußwort des Oberbürgermeisters; 3. Musikstück; 4. Rede des Vorsitzenden Issen; 5. Rede Blüm; 6. Musikstück.

Plakate, Spruchbänder, Beifall, Pfiffe – alles, was so dazugehört.

Am Nachmittag in Suhl: Die Halle ist bis auf den letzten Platz besetzt. Ein Teil der Besucher findet nur noch einen Stehplatz. CDU und IG Metall sind die gemeinsamen Veranstalter: eine originelle Paarung. Für mich ist das eine Premiere. Obwohl ich doch Mitglied in beiden Vereinen bin, und das seit eh und je – so ein Veranstalterduo habe ich noch nie erlebt. Ich lache still in mich hinein.

Noch eine Kundgebung... Mich hatte inzwischen die Kundgebungslust längst verlassen.

Also schaltete ich um: »Ihr habt in den letzten vierzig Jahren genug Kundgebungen über euch ergehen lassen müssen, laßt uns miteinander diskutieren.«

Diskussion ist besser als immer wieder diese abgedroschenen Kundgebungsmonologe.

Und schon ging es los, einer nach dem anderen trat ans Mikrofon

Ich versuchte zu antworten. Es klappert die Mühle im rauschenden Versammlungsbach: Einwand-Ablehnung, Frage-Antwort, Einwand-Zustimmung, Frage, ich weiß keine Antwort, Beifall-Rumoren, Pfiffe – ja, jetzt läuft es wie geschmiert.

Ich habe die Einwände, Fragen, Kritiken längst vergessen. Eine Wortmeldung aber ging mir unter die Haut und ist mir im Gedächtnis geblieben:

Ein kleiner, dürrer Mann mit abgewetztem Ledermantel trat vor. Viel zu lang war der Mantel, sein Saum reichte fast bis zum Boden. Mit kleinen Schritten kam er ans Mikrofon, duckte sich vor der Menge, so daß er noch kleiner und schmächtiger erschien, als er war. Fahl und faltig war sein Gesicht, und leise, fast hastig begann er: »Ich habe keiner Maus was getan, keinem Menschen ein Haar gekrümmt.« Was will der eigentlich? Soll das jetzt eine Lebensbeichte vor vollem Haus werden? Es folgen nur noch zwei kurze Sätze, und schon huschte er wieder davon. »Ich war vierzig Jahre Mitglied der SED. Wollt ihr zwei Millionen Menschen ausgrenzen?«

Das Wort »ausgrenzen« war das einzige, was ich als geliehen empfand. Sonst war alles authentisch. Die Menge buhte und zischte. Er tat mir leid. Ich konnte ihm nur mit der Frage helfen: »Wollt ihr weiter gegen die buhen, die sich nicht mit der ›Macht‹ identifizieren können? Das haben doch viele von euch vierzig Jahre lang von der anderen Seite erlebt. Sollen jetzt nur die Seiten gewechselt, das alte Spiel aber fortgesetzt werden: Die einen gehören dazu, die anderen sollen das Maul halten? Nein! Das ist nicht meine Demokratie.«

Es wurde still im Saal, doch nur ein paar Schrecksekunden, dann ging es in der Tagesordnung weiter. Nur eine kurze Pause für die Menschlichkeit? »Die nächste Wortmeldung, bitte!«

Eine Stunde später, im Festzelt des DGB, immer noch in Suhl, tritt eine gutgeschulte Protestseilschaft routiniert vors Mikrofon, um ihre Beschwerden vorzutragen. Am besten konnte es der DGB-Kreisausschußvorsitzende, und er zog vom Leder mit allem, was er auf Funktionärslehrgängen gelernt hatte. Stimme hoch am Ende einer Attacke und immer Pause für Beifall. Leider war kein Rednerpult auf dem Podium, und so mußte er sein DIN-A4-Blatt in die eine Hand nehmen, so daß seine Gestik in eine gewisse Schieflage zu seinem Text geriet. Für so einen Text braucht man zwei gestikulierende Hände.

Den Text seiner Rede hätte ich für ihn weitersprechen können, wenn er steckengeblieben wäre. »Ausbeutung«, »Profit«, »§ 116 Arbeitsförderungsgesetz«, »Kapitalistenstaat«: alles alte Bekannte aus der westdeutschen Gewerkschaftsszene. Die wohlvertraute Funktionärslitanei. Und dabei sprach er auch noch hessisch, ein mir wohlvertrauter Dialekt, ein Wessi also. Aber er sprach über die Köpfe der Zuhörer hinweg. Westdeutsche Worthülsen in einer Gesellschaft, die ganz andere Sorgen hat.

Drei Welten: SED, DGB, CDU. In einem Land. An einem Tag.

Das Einheitsglück!

Das Hotel war zu protzig, die Bedienung zu unterwürfig, der Direktor zu freundlich. Eigentlich kein Zielort für eine lange Wanderung. Aber irgend jemand hatte ihn ausgesucht. Also gut.

Wir erreichen das Ziel staubig und müde. Wir, das waren meine Frau, Katrin, meine Tochter, Thomas, der Schwiegerfreund, Alexander, der Freund aller, sein Sohn und ich.

Dann erfuhren wir es: Unser Hotel war eine jener ehemaligen Jubelherbergen, in denen sich häufig nach getaner Jagd das ostdeutsche SED-Establishment niedergelassen und gepraßt hatte. Die Jagd war offenbar in der alten DDR das, was in Westdeutschland Wagner-Opern in Bayreuth sind: ein Teil der Selbstdarstellung einer außengeleiteten Gesellschaft. Mein Gott, was sollen wir hier? Also gut!

Nein, wieso? Also schlecht! Ich privatisiere die Unangemessenheit unserer Anwesenheit in Honeckers Jubelherberge durch Motzen.

Irgendwann am anderen Morgen sprudelte der Chef wie eine Fontäne mit tausend Berichten, Storys und Erzählungen. Zwei davon habe ich mir gemerkt. Margot und Erich hatten hier nach dem Mauerfall für eine Nacht Zuflucht gefunden, aber dann Hals über Kopf das Haus verlassen, weil die Bevölkerung aus den umliegenden Gemeinden im Anmarsch war, um Erich das letzte Halali zu blasen. Erich habe das alles nicht mitbekommen, Margot dagegen sei noch immer »Herr im Hause« gewesen. Sie habe die Ereignisse für einen vorübergehenden Betriebsunfall gehalten, dessen Spuren bald wieder verwischt sein würden.

Aber das war nicht die einzige Geschichte, die ich mir gemerkt habe. Eines Tages im vergangenen Jahr sei ein westdeutscher Krösus eingeflogen, der sich als ehemaliger Eigentümer des Anwesens vorstellte und ankündigte, das Hotel wieder in seinen rechtmäßigen Besitz nehmen zu wollen. Rückversichert bei der Treuhand, habe man ihm, dem Direktor, empfohlen, ihn, den möglichen Besitzer, gut zu behandeln. Er war gleich mit dreißig Begleitern angerückt. Sie besichtigten alles, zechten unmäßig und hinterließen eine große Rechnung. 20000,– DM oder mehr habe sie betragen.

Der Westdeutsche habe versprochen, in wenigen Tagen zurückzukommen, um zu klären, wer vom alten Personal übernommen werde könne. Mit vielen Fragen hinterließ er eine verängstigte Belegschaft. Doch er kam nie wieder, und die Rechnung wurde auch nicht bezahlt. Sie mußte eingeklagt werden.

Westliche Halsabschneider sind die Nachfolger ostdeutscher Mauerbauer: beide Volksverächter.

So viel können wir gar nicht vom Glück der deutschen Einheit reden, wie diese Miniaturimperialisten in wenigen Stunden verderben können.

Der Theatersaal in Zittau war gut besucht. Auf den Stufen zum Foyer empfing mich der Intendant mit der Bemerkung, seine Stücke seien nicht immer so gut besucht. Das sollte mich offenbar freudig stimmen. Auf dem Spielplan stand »Der gestiefelte Kater«. Doch heute abend hatte der Kater Pause. Statt dessen sprach Blüm in einer CDU-Versammlung.

Es war eine muntere Diskussion. Vorn in der ersten Reihe saß ein Arbeiter, ungefähr so alt wie ich. Er beklagte seine Arbeitslosigkeit. Vierzig Jahre habe er geschuftet, und schließlich hätten sie auch etwas zustande gebracht in der alten DDR. »Aber jetzt werden wir nicht mehr gebraucht. Die alten Seilschaften dagegen, die sitzen noch fest auf ihren gutgepolsterten Vorstandssesseln in den Betrieben. Die Bonzen, ja die braucht ihr noch. Die haben uns früher schon gequält. Die schwimmen immer oben.« Brausender Beifall im Saal.

Zwanzig Minuten später, immer noch in der Diskussion, erhebt sich hinten in einer der letzten Reihen ein alter grauer Herr. Schulmeister, wie sich herausstellt. »Mich habt ihr aus der Schule geworfen, weil ich SED-Mitglied war. Ich habe den Kindern nie was Schlechtes beigebracht, und abends in der Volkshochschule habe ich auch diejenigen am Englisch-Kurs teilnehmen lassen, die bereits Ausreiseanträge gestellt hatten. Das war verboten. Das war mein Mut. Jetzt werden wir alle vor die Tür gesetzt und alle über einen Kamm geschoren, nur weil wir bei der SED waren.« Und wieder rollt die Beifallswelle. Diesmal braust sie in die entgegengesetzte Richtung zu der Welle, die mein alter Arbeiter ausgelöst hatte. Einmal gegen die SED, dann für die SED.

Was jetzt, SED raus oder SED rein?

Vielleicht ist auch die Parteilinie kein ausreichender Trennstrich zwischen Gut und Böse. Vielleicht, vielleicht...

Gerechtigkeit, du hast es schwer. Salomon, wo bist du?

Wir fuhren an einer langen Kasernenanlage vorbei. Sie war schon zu Hitlers Zeiten erbaut worden, wie man uns erzählte. Und nach dem Krieg waren hier bis vor wenigen Wochen sowjetische Soldaten untergebracht.

Keine Menschenseele war zu sehen. Aber warum sollten wir nicht einmal hinter die Mauern schauen? Da ein Tor. Wir fuhren darauf zu. Aus dem Kabäuschen an der Seite stolperte ein Bewacher, den irgendeine private Wachgesellschaft angeheuert hatte. Ob wir denn nicht einmal reinschauen dürften, fragten wir ihn. Er sagte nichts, schloß aber auf, und so trotteten wir hinter ihm her.

Zielstrebig erreichten wir den ersten Bau. Noch einmal Stacheldraht, hohe, schmale vergitterte Fenster, alte vergammelte Eisentüren. Immer noch wortlos schloß er auf. »Das war das Gefängnis für die sowjetischen Soldaten.« Das war sein einziger Satz. Mehr war auch nicht notwendig.

Wenn Tiere so eng gedrängt in einem Zimmer eingesperrt würden, jeder Tierschutzverband würde aufheulen. Zwanzig Eisenpritschen neben- und übereinander. Schon zu wenig Luft im Raum, wenn niemand darin lebt. Licht, nur als schattenhafte Erinnerung an die Sonne draußen, fällt durch einen vergitterten Spalt an der Decke. Nebenan befinden sich winzige Räume mit in den Boden eingelassenen Eisenstühlen – unverrückbar. Kein Tisch, nichts. Tagsüber wurden Bretterbetten hochgekippt und an die Wand geschnallt. Nachts wurden die Betten heruntergeklappt, und der Stuhl war der Bettpfosten. Und da waren auch noch Ketten an der Wand. Für was oder wen Ketten? Wie viele waren daran geknebelt? Wieviel Menschen werden hier gelitten haben?

Menschenrechte, Menschenrechte, wo ward ihr mitten in Deutschland geblieben? Warum sprach niemand darüber? Warum wußte niemand davon?

Die Kneipe war in einem Fachwerkhaus. Schon Fontane soll sie auf seinen Wanderungen durch die Mark Brandenburg besucht haben. Sie liegt am Stechlinsee. Der Wirt ist freundlich, das Bier gut gezapft, und die Speisekarte versprach deftige Kost. Was will man mehr? Am Nachbartisch rechts neben der Tür saß offenbar der Stammtisch zusammen. Und wie an allen Stammtischen dieser Welt wurde auch dort die Welt wieder einmal neu erfunden. Aber es gibt ja auch hier genug zu ändern. Als ich aufbreche und schon fast an der Tür bin, ruft mich ein Mann wie Herkules, der größte und dickste, an den Stammtisch zurück. Also gut, ich trinke ein Bier mit.

Das Bier stand noch nicht auf dem Tisch, da legte Herkules schon los. Noch vierzehn Tage gebe er sich Zeit, dann sei Schluß, endgültig aus. Dann packe er sein Bündel und gehe nach Hause. Er habe hier sowieso schon zu viel Zeit vertan. Und zu Hause in Nürnberg warte ein Maurergeschäft auf ihn. Auf den Arm nehmen lasse er sich nicht.

Ich begreife immer noch nicht, was er will. Doch das klärt sich bald auf. Er ist ein aus dem Westen Heimgekehrter, der hier auf einem alten, ihm gehörenden Grundstück bauen will. Er will was tun für die alte Heimat. Doch sie lassen ihn nicht. Dabei will er doch gar nichts verdienen. Er will nur helfen »aus alter Anhänglichkeit an die Heimat«, die er einst verlassen mußte. Jetzt regt er sich so auf, daß ihm der Bierschaum von den Lippen fliegt. Was die Bürokratie sich hier nicht alles einfallen ließe, um jede gutgemeinte Initiative im Keim zu ersticken, das gehe auf keine Kuhhaut. Und er schlägt auf den Tisch, daß die Biergläser scheppern und der Stammtisch in ängstlich-andächtige Zustimmung versinkt. Und er haut noch einmal auf den Tisch. Alle nicken – ich auch.

Da haben wir im Westen in vierzig Jahren ein ausgefiesel-

Auf brandenburgischen Landstraßen

Nach einer Rast im Wirtshaus – wie geht's weiter?

tes Bau- und Genehmigungsrecht geschaffen, das jetzt mit größter Perfektion auf die ehemalige DDR übertragen wird. Und die westdeutschen Beamten, die hier zur Hilfe eingesetzt werden, üben sich erst einmal in der bürokratischen Korrektheit, die sie zu Hause gelernt haben und hier jetzt gnadenlos walten lassen. »Ja, so ist es, noch vierzehn Tage, dann könnt ihr mich hier und in Bonn gern haben« – er sagt noch etwas gröber, was wir ihn können – »dann kehre ich in meinen Baubetrieb zurück, denn ich kann mein mühsam aufgebautes Geschäft nicht vor die Hunde gehen lassen, weil ich hier Papierkrieg führen soll.« Formulare seien nicht sein Material. »Ich habe es gut gemeint, aber jetzt ist Schluß.«

Ich trinke mein Bier. Was soll ich sagen? Recht hat er. Man müßte eine Zündschnur an die bürokratischen Reglementierungen legen, um den Genehmigungs- und Einspruchsperfektionismus wegzusprengen. Eine kleine Kulturrevolution in Sachen Verwaltungsstaat würde uns allen guttun. Und vielleicht könnte der frische Wind des Aufbruchs aus dem Osten Deutschlands kommen.

Kafkas Schloß – es steht noch immer in Deutschland.

Es war einmal auf einer der vielen Ålandinseln, die zwischen Stockholm und Turku in der Ostsee verstreut liegen.
Unser Haus war eine kleine Hütte. In der Nachbarschaft wohnten Hilu und Ali wie wir mit drei dazugehörigen Kindern.
Unsere gemeinsamen Ferien waren ein permanentes Tohuwabohu. Wie es das Leben so will, sehnten sich die beiden Elternpaare von Zeit zu Zeit nach einer chaosfreien Stunde in einer sturmfreien Hütte. Das war nach unserem Ermessen nur zu erreichen, wenn eines der beiden Elternpaare die gesammelte Rasselbande auf sich zog, um so dem anderen die nötige Ruhezeit zu verschaffen. Schließlich gibt es auch für Eltern Zeiten, in denen Kinder fehl am Platze sind.
Für diesen Fall hatten wir vereinbart, die eigene Kinderschar mit einem Körbchen voller Äpfel auszustatten und so zur Nachbarfamilie zu senden. Dort angekommen, wurden die Sendboten vereinbarungsgemäß durch allen möglichen Hallodria festgehalten.
Das System funktionierte im allgemeinen störungsfrei – bis auf einmal: Wir schickten unsere Kinder wieder einmal mit Äpfeln im Korb zu Hilu und Ali. Aber wie es der Zufall so will, schickten im gleichen Augenblick auch Hilu und Ali ihre Kinder in die entgegengesetzte Richtung, nämlich zu uns. Auf der Mitte der Strecke begegneten sich die beiden Apfelkarawanen, begrüßten sich höflich, staunten sehr, daß sie einen gleichlautenden Auftrag ihrer Eltern erhalten hatten, und zogen nach einem kurzen Gedankenaustausch, in dem sie ihrer Verwunderung Ausdruck gaben, brav weiter in die vorgeschriebene Richtung. Schließlich erhielten wir Hilus und Alis Apfelkorb; sie unseren. So durchkreuzte die Vorsehung unsere sorgfältigen Abmachungen. Wir standen beiderseits vor einem Dilemma.
Ich hörte nur Hilus schrilles Lachen, als sie unseren Apfeltransporteuren die Hüttentür öffnete.

Auf nach Rügen!

Usedom ist weit. Aber der Name klingt wie das Losungswort aus einem Zaubermärchen. Also fahren wir nach Usedom.

Doch in der Nacht, in der wir über die verregnete Autobahn unserem Ziel entgegenjagen, ändern wir den Plan. Rügen ist jetzt unser Traumziel, und wieder suchen wir uns einen Namen zum Ausgangspunkt unseres Wanderns aus, der aus einem Märchen stammen könnte: Putbus.

Wir reisen aufs Geratewohl. Wir, das sind unsere Tochter Katrin, Schwiegerfreund Thomas und ich.

In Putbus suchen wir uns erst einmal ein Quartier. Schon beim ersten Versuch klappt es. Ein abgelegenes Forsthaus hat unter dem Dach noch zwei Kammern frei. Aber nur für eine Nacht. Das reicht fürs erste.

Rucksack gepackt – und los geht's. Es regnet. Aber nach einer alten Pfadfinderweisheit gibt es kein schlechtes Wetter, sondern nur schlechte Bekleidung. Im Grunde ist diese Einsicht die praktische Variante der philosophischen Behauptung, die objektiven Verhältnisse draußen seien weniger wichtig als die Beschaffenheit des Subjekts.

Aber wer wollte sich weiter mit solch komplizierten Gedanken quälen? Schließlich geht es uns nicht um intellektuelle Höhenflüge, sondern um eine Exkursion zu Lande. Unsere Beweismittel sind die Füße, nicht der Kopf.

Und das Land hüllt uns in seine schöne schwermütige Stimmung ein. Man läuft und läuft – nicht ziellos, aber ohne Zielzwang. Und wie zur Erprobung unserer neugewonnenen Freiheit machen wir als erstes trotzig einen Umweg. Nicht nach Lauterbach, wie der Wanderführer vorschreibt, sondern nach Neuendorf marschieren wir. Und erst von da nach Lauterbach. Bitte keinen Wanderführer-Terror. Unsere Launen bestimmen den Weg.

Traurig liegt die Ostsee rechts des Weges. Es herrscht fast atemlose Stille. Der Regen beschlägt mir die Brille, und die Landschaft erscheint noch trüber, als sie ist.

Kein Mensch begegnet uns. Wir sind allein auf der Strecke und von gelegentlichen Zweifeln geplagt, ob wir noch auf dem richtigen Weg sind. Aber schließlich wollen wir ja einfach so drauflosw andern.

Das fällt uns um so schwerer, je weiter wir laufen und je müder die Beine werden. Ein Wegweiser: Binz – 45 Kilometer. Das haut selbst den freiesten Wandersmann um. Die ganze Strecke von Putbus nach Binz soll laut »Kompass Wanderführer Ostseeküste Rügen und Usedom – ausgewählt, begangen, beschrieben und fotografiert von Hildegard Frey und Professor Dr. Wolfgang Frey« nur 21 Kilometer (Seite 148) betragen.

Der Herr Professor wird es doch wohl besser wissen als der Wegweiser?

Das Rätsel löst sich nicht; auch nicht am Ende der Strecke. Doch die Wanderzeit und die geschätzte Leidensfähigkeit unserer Füße lassen vermuten, daß die Freys und nicht der Wegweiser recht hatten.

Während wir noch beraten, kommt uns ein Mann mit Hund und dunkler Sonnenbrille entgegen. Thomas hält ihm die Wanderkarte mit der dringenden Frage unter die Nase, welchen der beiden Kreuzungswege wir weitergehen sollen. Der Mann hält beide Wege für gangbar nach Binz. Thomas insistiert auf klare Antwort mit sturem Blick auf seine Karte. Mein Gott, Thomas, laß die Karte weg, die hilft dem Mann nicht ... Er ist blind. Merkst du es nicht? Thomas lacht verlegen, als wir ihn ein paar Schritte später aufklären, und er schämt sich.

In Groß Stresow kommt uns eine alte Frau entgegen, in

alten Latschen schlurfend und mit einer Milchkanne in der Hand. Ja, beide Wege könne man nach Binz einschlagen. Der Weg hier führe über einen ehemaligen Campingplatz. Da sei einst Sodom und Gomorrha gewesen. Was interessiert uns Sodom, was kümmert uns Gomorrha? Wir laufen weiter und erreichen schon nach wenigen Minuten den ehemaligen Sündenpfuhl. Wenn hier Sodom war, dann jedenfalls vor dem biblischen Strafgericht, denn jetzt ist der Platz wüst und leer. Lediglich die verrosteten, aus dem Boden gewachsenen Steckdosen für den Stromanschluß lassen auf vergangene pracht- und lustvolle Zeiten schließen.

Im nächsten Dorf kommt uns ein Wirtshaus in die Quere. Na endlich! Die außen angeschlagene Speisenkarte läßt die Magensäfte bereits sprudeln. Doch die Tür ist verschlossen. So wird jede schöne Wanderung wie jeder Lebenslauf von herben Enttäuschungen geprüft. Aber wie im Leben darf man sich nicht aus der Bahn werfen lassen. Weiter geht's – nur keine Müdigkeit vortäuschen.

Am späten Nachmittag erreichen wir das Ostseebad Binz. Liebe Leute, fahrt hin! Der Strand ist mit weißem Sand bedeckt. Das Meer ist sauber. Die Strandpromenade macht den Eindruck, als sei gerade Hausputz gewesen. Das Kurhaus blickt auf die See, als sei die Zeit im Jahr 1920 stehengeblieben. Wir betreten ein Gasthaus und essen um fünf Uhr zu Mittag. Fische aller Arten und nach jeder Façon. Die Fische sind gut, das Bier ist gut und die Menschen so freundlich.

Wie jedoch kommen wir nach Hause? Fernab von unseren Forsthaus-Dachkammern und unserem Automobil treffen uns die harten Zwänge der Realität.

Uns rettet der »Rasende Roland« – eine alte Dampfbahn, die noch immer die Strecke zwischen Binz und Putbus treu und brav wie seit eh und je und hin und zurück keuchend und schnaubend überwindet. Und wie auf Bestellung fährt gerade dieser »Rasende Roland« um 18.55 Uhr wieder einmal die Strecke von Binz nach Putbus.

Da kommt er. Qualmend und heulend stampft er der Bahnstation entgegen. Wir steigen ein. Zu dem in modernen Zügen längst vergessenen Luxus gehört ein mit glühenden Briketts gefülltes Öfchen, an dem sich die Fahrgäste aufwärmen können.

Der Schaffner, eine gouvernementale Mehrzweck-Begabung, gibt das Abfahrtssignal, verkauft die Fahrkarten und heizt die Öfen. »Nun, am Ostersonntag machen wir eine Osterfahrt, und unterwegs irgendwann und mehrmals hält der Zug und läßt den mitfahrenden Kindern Zeit, die vom Osterhasen an der Strecke versteckten Ostereier zu suchen.« Ja, so kinderlieb wie der alte »Rasende Roland« zwischen Binz und Putbus ist der ICE nicht mehr.

Unser Forsthaus-Vater hat die Schlafkammern in mütterlicher Fürsorge bereits geheizt. Wir schlafen schnell ein und träumen von den Abenteuern des nächsten Tages.

Frühmorgens um sieben Uhr ist in der Küche der Kaffeetisch gedeckt. Zögerlich und doch gespannt erfahren wir zwischen Kaffee und Brötchen etwas vom Leben unseres Gastwirts. Schlosser war er in der DDR, dann Fernmeldeingenieur. Und jetzt hat er sein kleines Forsthaus auf Übernachtung umgestellt. Eine halbe Million hätten ihm Wessis für sein Haus schon geboten, doch er gäbe es nicht her.

Wir könnten noch länger bleiben, bietet er uns an. Angesagte Gäste aus Westdeutschland hätten heute nacht wegen des schlechten Wetters abgesagt, und überhaupt, wo wollten wir denn sonstwo noch über Ostern Zimmer auftreiben? Er unterschätzt unsere Zähigkeit.

Um acht Uhr sind wir in Saßnitz. Am Hafen fangen wir an zu fragen. Alles ist belegt. Ein Mann im Schlafanzug mit noch nicht aufgewachtem Gesicht gibt uns aus dem Dachfenster den Rat, doch über die Dörfer zu fahren. Vielleicht sei irgendwo noch ein Loch frei.

Tochter und Vater auf Rügen

In Hagen endlich finden wir eine Ferienwohnung. Siebzig Mark für eine Nacht, gleich bezahlt, und gleich wieder geht es ab zur Wanderung. Von Saßnitz an den Kreidefelsen vorbei zum Königsstuhl bis nach Glowe. Der Weg führt alternativ oben am Rande der Steilküste oder unten am Rande der Ostsee entlang. Man muß sich nicht endgültig festlegen, denn man kann zwischendurch zwischen oben und unten wechseln. Am Victoria-Stuhl öffnet sich ein unbeschreiblicher Rundblick über die Ostsee, wie vom neuen Touristenverein für uns ausgesucht. Aber diesen Blick hatte schon König Wilhelm I., der am 10. Juni 1865 hier auf die Ostsee geblickt und dafür eine Gedenktafel erhalten hat. Wir haben nur den gleichen Blick.

Am Königsstuhl, 117 Meter über dem Meeresspiegel gelegen, machen wir inmitten einer Massenansammlung von Touristen Rast. Aber nur kurz. Wir kaufen am Kiosk für Thomas ein Wurstbrot, für Katrin eine Waffel und für mich ein Heringsbrötchen. Und schon geht es weiter.

Im kleinen Dorf Lohme kommen wir mit dem Besitzer einer Fischräucherei ins Gespräch. Heute hat er Geschäftseröffnung. Hoffentlich klappt's. In seiner Garage liegen die Produkte seiner Räucherkunst, fein säuberlich in Reih und Glied sortiert, auf dem Tisch. »Früher habe ich bei der Fischergenossenschaft gearbeitet. Aber die hat schon vor langem dichtgemacht.« Jetzt hat er sich selbständig gemacht. Und er plant schon weiter. »Ja, ich will viel machen.« Tische und Stühle sollen vors Haus, und Getränke soll es auch geben. Mut jedenfalls hat dieser Mann. Wir drücken ihm die Daumen. Touristen, bevor ihr in teure Hotels einkehrt, geht an dem Mann in Lohme nicht vorbei. Von seiner Sorte gibt es im Osten mehr als im satten Westen. Sie wollen was »machen«.

In Glowe angekommen, sind wir mit dem gleichen Problem wie am Vortag konfrontiert. Wie kommen wir zurück? Kein »Rasender Roland« rettet uns. Eine Omnibus-Haltestelle hilft auch nicht weiter, denn der verwitterte Fahrplan kündigt keine weiteren Omnibusfahrten an, jedenfalls nicht mehr für diesen Tag.

Katrin schlägt Trampen vor. »Trampen?« »Warum nicht?« meint Thomas lakonisch. Und ich? Ich ziere mich. Die beiden diskutierten nicht weiter, lassen den Alten nörgeln und winken. Und, o Wunder, ein Auto hält. Lautes Triumphgelächter der Jungen, aber der Autofahrer will nur wenden. Leises Schmunzeln des Alten. Sechs weitere Autos fahren vorbei, der siebte hält, öffnet die Tür und läßt uns einsteigen.

Kaum haben wir zu dritt auf dem Rücksitz Platz gefunden, beginnt der Fahrzeugbesitzer mit seiner Erfolgsstory. Drei Steuerberatungsbüros im Osten habe er seinen westlichen hinzugefügt. Eines in Saßnitz, eins in Jena und eines in Rudolstadt. »Ja, das Geschäft läuft. Die Mandantschaft ist gut. Das Geld liegt auf der Straße.« Mir wird übel... Er fährt zu schnell. Zum Essen will er uns noch einladen. Er scheint ein Mann der schnellen Hilfe. »Nein, nein danke, es reicht.« Der gute Mann hat uns genug geholfen. Der liebe Gott hat uns davor bewahrt, auch noch zu seiner »Mandantschaft« zu gehören.

Am nächsten Tag heißt die Parole: Auf nach Hiddensee. Ja, wir suchen uns die Reiseziele nicht auf der Landkarte, sondern nach dem Klang der Namen aus. Hiddensee – ein Name wie aus einem Kinderbuch. Dabei ist die Insel ein Hauptort der deutschen Literatur. Gerhart Hauptmann hat hier gelebt. Sein »Haus Seedorn« steht in Kloster. Joachim Ringelnatz war hier, Lion Feuchtwanger, Fallada, Carl Zuckmayer und der große, große Thomas Mann.

Später, im Hauptmann-Haus, lesen wir in ausgestellten Briefen von Katja Mann, wie sehr sie sich über den Gerhart geärgert habe. Er war der König von Hiddensee. Er bekam im Gasthaus das Essen aufs Zimmer gebracht. Der große, große Thomas Mann dagegen mußte im Speisesaal dinieren. Na, wenn das keine Demütigung war, was dann?

Aber Thomas hat sich auf seine Weise an Gerhart gerächt. Im Zauberberg, seinem großen Roman, kommt Hauptmann in der Figur des Mynheer Pieter Peeperkorn schlecht weg. Er wirkte »im Freien nicht ganz so großartig wie im geschlossenen Raum«. »Auch war sein Gehen weniger gut als sein Stehen«, ist bei Thomas Mann zu lesen. Ja, so feinsinnig verkehren Geistesgrößen miteinander und zahlen erlittene Unbill so taktvoll heim.

Hauptmann hat scheinbar in vorauseilender Konsequenz aus dieser Mannschen Sottise seinen Hauptplatz auf Hiddensee eingerichtet. Wie ein Standmal dominiert ein Stehpult sein Arbeitszimmer im Haus Seedorn. Die Bücherwand gehört eher zum beiläufigen Rahmenprogramm. Der ganze Raum wirkt wie ein Bühnenbild. Hauptmann stand, wo er war, immer auf der Bühne, notfalls übernahm er auch noch die Rolle des bewundernden Zuschauers. Er war ein begnadeter Selbstbewunderer.

Jeder versucht, sich seine Vorurteile selbst zu bestätigen. Ich auch! Das Glück dazu hatte ich im Hauptmann-Haus in Kloster.

»Den Ketzer von Soana«, diese rhapsodisch südlich-heidnische Erzählung aus dem Tessin, hat er auf Hiddensee fertiggestellt. Es war eines seiner besseren Werke. Das versöhnt dann wieder.

Über Hiddensee fahren wir mit dem Fahrrad. Zehn Mark pro Stück und Tag Leihgebühr. Zum Mittagessen setzen wir uns an die im Freien aufgestellten Tische eines Gasthauses. Aus den Gästeströmen, die wallfahrermäßig an uns vorbeiziehen, werde ich litaneienhaft begrüßt. »Ach, der Blüm! Das ist doch der Blüm…« Eine gut ausstaffierte Rentnerin, deren Dialekt ihre Herkunft aus dem Westen verrät, ruft mir vorwurfsvoll zu: »Was machen Sie denn hier? Haben Sie eine Ahnung, wie klein meine Rente ist?«

»Aber Gott sei Dank sind Sie ja trotzdem hier, genau wie ich«, gebe ich zurück.

»Da haben Sie auch wieder recht«, lacht sie und geht weiter.

Abends bei der Rückgabe klagt mir die Fahrradfrau ihr Leid über die rotzigen Wessis. Sie sähe das nicht so, wirft die resolute Tochter ein. Protzkis gäbe es überall.

Auf der Brücke des Fährschiffs erzählt mir der Kapitän leise von den Sorgen der Leute hier. Malte und Christian haben sich einen Kutter gekauft und dafür ihre Häuschen verpfändet. Sie fischen jetzt auf der Nordsee. »Aber hier ist nichts mehr los. Der Billigfisch aus Skandinavien und Rußland ruiniert uns.« Und die große Schiffahrtskompanie, mit westlichem Geld gut ausgestattet, schikaniert sie und drängt die kleine Hiddenseer Schiffahrtsgesellschaft auf die schlechteren Anlegeplätze ab. Nun wartet die Bank schon aufs Häuschen.

»Aber Sie sind ja mit uns, den kleinen Hiddenseern, gefahren. Das ist gut so.« Dabei war das purer Zufall. Euer Kartenverkäufer war schneller als der der Konkurrenz. Hätte ich es gewußt, wie euch die Großen behandeln, ich wäre dann allerdings erst recht mit euch gefahren, auch wenn euer Kartenverkäufer langsamer gewesen wäre. Sage ich nicht, aber denke ich mir.

Auf dem Heimweg nach Bonn erlauben wir uns noch einen kleinen Abzweig von der Direktroute. Wir fahren langsam über den Marktplatz von Wismar. Hier auf diesem Platz habe ich im Herbst 1990 auf einer Wahlkampfveranstaltung geredet. Stasiwagen hatten mich an der Grenze abgeholt und mit Blaulicht nach Wismar geleitet. Alles schien unwirklich.

Über dem abenddunklen Platz lag der Zauber einer kribbelnden Hoffnung auf einen neuen Anfang. Den Hoch-Zeiten von damals ist der graue Alltag gefolgt. So ist das Leben: Die Realitäten bleiben immer hinter den Erwartungen zurück. Aber daß wir am Karsamstag 1993 unbehelligt und unbehindert mit großer Selbstverständlichkeit über den Marktplatz von Wismar schlendern, diese Realität übertrifft noch immer alle Erwartungen aus den Zeiten des Kalten Krieges.

Und wer genau hinschaut, sieht 1993 die Baugerüste auf dem Marktplatz von Wismar, die es 1990 noch nicht gab, und er sieht Menschen, die nicht mehr bespitzelt werden und keine Angst mehr haben müssen, auf dem Weg von Ost nach West an einer Mauer erschossen zu werden.

Deutschland 1993. Putbus, Saßnitz, Hiddensee und Usedom liegen wieder im gemeinsamen Deutschland. Auch die »Wessis« haben hinzugewonnen.

Wir wohnten wieder einmal auf einem Eiland, fast gottvergessen. Unsere Hütte hatte weder Licht noch Wasser. Wir hausten wie sintemal Robinson und Freitag. Der einzige Unterschied: Wir waren zu fünft, Mama, Papa und drei Kinder.
Irgendwo in ziemlicher Entfernung und außerhalb der Sichtweite stand noch ein Haus. Aber wir kannten die Leute nicht, die dort wohnten, und kümmerten uns nicht um sie.
Unsere Kinder fühlten sich pudelwohl und tobten herum. Ab und zu jedoch überfiel den Vater der angeborene Ordnungssinn. »Aufräumen!« war dann die Parole. Christian widersetzte sich der Sinnlosigkeit eines solchen Unterfangens. Wozu auch Aufräumen? Wenig später lag doch alles wieder verstreut wie eh und je in der Gegend herum. In einem Anfall von Autorität schrie ich: »So wahr ich Norbert Blüm heiße, räumst du jetzt die Klamotten zusammen!« Ich weiß nicht mehr, wer gewonnen hat – der Repräsentant der Ordnung oder der Agent des Chaos.
Wenige Stunden später jedenfalls standen zwei freundliche Leute vor unserer Tür. Sie stellten sich als die Bewohner jenes weit entfernt gelegenen Hauses vor und begrüßten mich freudestrahlend und händeschüttelnd.
»Guten Tag, Herr Blüm.«
»Wieso kennen Sie uns?« fragte ich einigermaßen verblüfft.
»Aber Sie haben vorhin doch laut gerufen, daß Sie Norbert Blüm heißen. Da wollten wir die Gelegenheit nutzen und einmal Ihre persönliche Bekanntschaft machen.«

Zu Fuß von Bonn nach Aachen

Es gibt verschiedene Arten, sich vorwärts zu bewegen. Unsere Auswahl unter den angebotenen Fortbewegungsmitteln ist größer als je zuvor. Die schnellste mit Hilfe der Rakete, die langsamste zu Fuß.

Mit der Rakete haben ein paar Menschen jüngst den Mond erreicht, mit den Füßen wanderten die Menschen schon seit Jahrtausenden. Zu Anfang bewegten sich die Menschen mehr von der Not getrieben, jetzt in den vom Tourismus geplagten Ländern mehr aus Lust. War früher der Lagerplatz leergefressen, dann zogen die Menschen mit »Haus und Hof« weiter. Jetzt bleibt das Haus in der Heimat stehen, aber die Menschen reisen dennoch mehr als je zuvor. Bloß zum Laufen finden sie immer weniger Zeit und Lust.

Trotz Überschallgeschwindigkeit sind jedoch die durchschnittlichen Geschwindigkeiten, die wir zustande bringen, auch nicht viel größer als vor vielen tausend Jahren.

Ein durchschnittlicher Zivilist verbringt in und mit seiner Blechschachtel, die er Auto nennt, im Jahr rund 1 500 Stunden, wenn man Reparatur und sonstige Servicezeiten dazurechnet und auch die Zeit nicht vergißt, die wir mit dem Ausfüllen von Steuererklärungen oder gar mit dem Bezahlen von Strafprotokollen verbringen.

Kluge Leute haben ausgerechnet, daß ein Amerikaner mit seinem Auto eine durchschnittliche Entfernung von 6 000 Meilen im Jahr zurücklegt. Setzt man dies in Beziehung zur durchschnittlichen Stundenzahl, also 1 500 Stunden, die er dafür aufwendet, so ist die Durchschnittsgeschwindigkeit eben dieses typischen Autofahrers in Amerika auch nicht schneller als die Durchschnittsgeschwindigkeit eines afrikanischen Ochsenkarrens: rund vier Meilen in der Stunde hier und dort.

Ich wandere gern, aber bis ich mit den ersten Metern der Wanderung beginne, muß ich erst einen ganzen Wust von Ausreden aus dem Feld räumen, aus dem sich der Vorwand bauen läßt, daß eigentlich »heute« für das Wandern keine guten Voraussetzungen seien. Ein anderer Tag sei besser. Wenn dir nichts anderes einfällt, dann bietet sich als allfällige Ausrede immer das Wetter an. Entweder es ist zu heiß, oder es ist zu kalt, zu naß oder zu trocken. Aber wenn es weder das eine noch das andere ist, dann ist deshalb heute kein Wanderwetter, weil »heute überhaupt kein Wetter ist«: Also, warum heute und nicht doch ein anderes Mal?

Wenn alle Stricke reißen und selbst das Wetter keine Ausflucht zuläßt, dann mußt du den Grund bei dir selber suchen. »Heute bin ich nicht in Form.« Kopfweh läßt sich zur Not immer einbilden, und wenn du es ganz ohne ideologischen Aufwand begründen willst, dann sage dir einfach: »Ich habe heute keine Lust aufs Laufen.«

Manchmal gewinnt der innere Schweinehund, und du bleibst zu Hause, entgegen allen guten Vorsätzen. Aber ich warne dich: Schon Stunden später kann dich die Reue befallen, und du verachtest dich wegen deiner schlappen Bequemlichkeit.

Beste Sicherung gegen Fahnenflucht vor dem Wandern ist eine Verabredung mit Freunden oder die kraftvolle Ankündigung in der eigenen Familie. Schließlich gilt man nicht gern als unzuverlässig.

Jetzt jedoch gibt es noch weitere schwerwiegende Vorentscheidungen, bevor es losgeht. Wählen wir einen bekannten Weg oder einen unbekannten? Entgegen anderslautenden Meldungen bietet auch der bekannte, vielleicht schon zehnmal begangene Weg immer noch überraschende Neuigkeiten. Kleine Veränderungen testen das Gedächtnis. Ein

Baum ist gefällt, der Wegweiser fehlt, eine einsame Hütte ist verfallen, abgebrannt oder renoviert. Der Wirt, der dich schon neunmal mit »Hallo« begrüßt hatte, hat gewechselt. Vielleicht ist er sogar gestorben, und du läßt dir das Drama von seinem Nachfolger bis in die Einzelheiten erzählen. Ganze Tragödien lassen sich dabei en passant erfahren. Du kannst auf jeder Wanderung Stoffe für große oder kleine Romane sammeln, wenn du den Leuten zuhörst.

Spannend ist es sowieso immer auf unbekanntem Wege. Du mußt aufmerksam sein, denn übersiehst du die Wegemarke und gar die Abzweigung, mußt du die Nachlässigkeit bitter büßen, indem du den ganzen Weg bis zum Anfang des Fehllaufes zurückmarschieren mußt. Das ist eine schwere Niederlage, und du bist um dein ganzes Renommee gebracht, wenn du dich zuvor der Wandergruppe als sachkundiger Führer angepriesen hast. Stelle dich lieber dumm, um so größer ist anschließend dein Erfolg, wenn du in einer ausweglosen Situation, vielleicht auch rein zufällig, den richtigen Weg gewiesen hast.

Wiederholungen sind das Ärgerlichste auf einer Wanderung. Am besten, du gestehst dir eine Fehlentscheidung umgehend ein und versuchst gar nicht erst, in einer großen unauffälligen Kreisbewegung zurückzufinden; das geht meistens schief. Wenn du dich verirrt hast, gibt es nur eine sichere Rettung: Auf dem gleichen Weg zurück, auf dem du falsch gelaufen bist, bis du auf den rechten Pfad wieder eingefädelt hast.

Zu früh darfst du auch wieder nicht zurückgehen. Denn vielleicht ist der vermeintlich falsche Weg doch der richtige Weg, und deine Unsicherheit führt zu einem unkoordinierten Hin- und Herpendeln, was der Wanderfreude deiner Wegbegleiter auch keinen Auftrieb gibt und deiner Autorität als Wanderexperte eine tiefe Schramme zufügt. Du siehst, es ist wie im wirklichen Leben: Es gibt keine verläßlichen Rezepte zu einwandfreier Lebensführung.

Aber es gibt noch andere schwere Gewissensfragen für Wanderer aus Leidenschaft: »Rundweg« oder »Streckenwanderung«? Ich bevorzuge die Streckenwanderung. In der in den Rundweg eingebauten Rückkehr zum Ausgangspunkt kann ich kein erstrebens- und leidenswertes Ziel entdecken, obwohl der Rundweg einen großen Vorteil hat: Du landest wieder dort, wo du das Auto verlassen hast. Aber du mußt dann auf ein spezifisches Abenteuer der Streckenwanderung verzichten. Wie komme ich vom Ziel wieder zurück zum Ausgangspunkt – mit Bus oder Bahn? Die Bahn gibt es nicht mehr, der Bus ist weg, die Taxen sind nicht zu finden und zu teuer. Was machst du, wenn keine Bahn fährt oder der Bus erst in sechs Stunden? Dann mußt du Geduld üben und warten, ob dich irgendein guter Mensch zufällig oder von dir zaghaft angesprochen mit zurück zu deinem geliebten Auto nimmt.

Doch jetzt zur Sache.

Erste Etappe

In einem Stück schaffen wir die Strecke von Bonn nach Aachen nicht, also wandern wir auf Raten. Die Strecke muß in Etappen aufgeteilt werden. Nur Geduld: Zwischen den einzelnen Etappen können Wochen vergehen.

In unserem Fall reihten wir nicht systematisch Etappe an Etappe, sondern schnitten uns wie von der Salami die Scheiben ab, unorthodoxerweise mal vorne, mal hinten, mal zwischendrin. Wir wanderten auch nicht immer in einer Richtung, sondern auf der einen Etappe von Ost nach West und auf der nächsten von West nach Ost. Kein gedruckter Wanderführer hat für solche Konfusionen eine Vorsorge getroffen. Bei ihm geht die Wanderung immer in eine Richtung. Ordnung muß schließlich sein.

Im Wanderführer »Europäischer Fernwanderweg E 8«

wird die Strecke von Aachen in Richtung Bonn beschrieben. Wir jedoch wanderten manche Etappe in die entgegengesetzte Richtung, und es gleicht einer Denksportaufgabe, den Wanderführer rückwärts zu lesen.

Die erste Etappe ging von Bonn nach Rheinbach. 21,5 km gibt der Wanderführer dafür an. Wir begannen im Kottenforst am Gasthof Waldau.

An Röttgen vorbei geht es bis zum Schönwaldhaus in Villiprott. Bei Lüftelberg verlassen wir den Kottenforst und suchen den Weg über die Dörfer. Vor Rheinbach geht es durch Flerzheim. Es ist Pfingstsamstag. Was sind die Leute alle so fleißig! Sie fegen die Straßen, als wäre es der Parkettboden ihrer Wohnzimmer. Mein Gott, sie werden doch heute abend nicht auf dem Bürgersteig das Abendessen einnehmen? Sauber genug ist er ja. Und die schönen Vorgärten, die Rasen so gepflegt, als habe der Obermeister der Friseurinnung die Grashalme geschnitten. Auf den Gartenwegen fehlt nur noch der Teppich, und fertig wäre das Puppenstübchen im Freien.

Das Schönste an der ganzen Wanderung ist die erste Rast nach drei Stunden. Der Rucksack wird ausgepackt, das Brot herausgeholt, währenddessen sich die Thermosflasche ohne viel Geräusche flach ins Gras gelegt hat und den Kaffee auslaufen läßt. Das ist der erste Grund für ein kleines Streitgespräch, wer denn daran schuld sei, daß der Kaffee nicht seinen vorgesehenen Bestimmungsort gefunden habe. Ja, wenn der Durst groß und die Vorfreude auf den Kaffee gar zu unbändig war, dann ist ein solcher Verlust ein kleines Wanderunglück. Jetzt weiß man erst, was Kaffee wert ist, wenn man Durst hat und weit und breit kein Ersatz zu finden ist. Für was habe ich die volle Thermosflasche geschleppt, wenn ihr den Kaffee ins Gras schüttet? Was denn, wir? Du, nein ihr! Ich nicht!

Kurz vor Rheinbach begegnet uns ein älteres Ehepaar und hält mir einen langen Vortrag über die Pflegeversicheperium aus Essen und Trinken errichtet. Er strebt nach Höherem. Seine Speisekarte liest sich wie die Hitliste eines Gourmets. Ja, ob das hier denn der rechte Platz ist? Er wartet auf Gäste aus der Stadt. Noch kommen sie nicht so zahlreich wie erwartet, und aus dem Dorf kommen sie auch nicht. Warum schafft er in seinem Dorfgasthaus nicht Platz für Biertrinker am Tresen und Feinschmecker im Lokal? Das passe nicht zusammen, meint er. Wieso eigentlich nicht? Er sei der Ansicht, man müsse sich entscheiden. Wieso eigentlich? Laßt doch jeden nach seiner Fasson selig werden. Wenn wir das nicht unter dem Dach eines Dorfgasthauses schaffen, wie soll es uns erst in der Welt gelingen?

Nachschub für Toleranz gibt es auch in Loch genug. Plötzlich setzt sich ein Türke bei uns an den Tisch. Er kommt aus der Nachbarschaft, hat hier ein Haus gebaut, wohnt und arbeitet hier seit dreißig Jahren. Hier ist ein multikulturelles Loch ohne viel Worte. So selbstverständlich, als würde er nicht Mohammed, sondern Wilhelm, Fritz oder Otto heißen, ist er in die Dorfgemeinschaft integriert. Seine erste Frau, so erzählt er, hat er nach Hause in die Türkei geschickt. Mit seiner zweiten lebt er jetzt hier. Ja, er ist ein alter Patriarch, aber schließlich gibt es solche Patriarchen auch unter Deutschen. Das ist keine Ausländerspezialität. Er lasse schließlich seine erste Frau nicht im Stich, entgegnet er auf meine zweifelnden Fragen, denn er schicke ihr regelmäßig Geld ans Schwarze Meer, wo sie zu Hause ist. Das ist seine Form von Entschuldigung. Aber mit Geld allein könne man Partnerschaft auch nicht schaffen, gebe ich zu bedenken. Ja, recht hätte ich, meint er und trinkt friedlich sein Bier. Ich gebe es auf, weitere Volksweisheiten abzusondern. Schließlich bin ich kein Volksmissionar.

Das Holzfällersteak mit roten Bohnen und Käsespatzen schmeckt uns besser, als es uns guttut, denn der Weitermarsch fällt uns schwer. Je reichlicher das Essen, um so erbärmlicher die Kraft zum Weitermarschieren. Wir rasten überdurchschnittlich oft. Natürlich nur, um uns die Landschaft anzusehen. Ach, sieh mal hier und sieh mal dort... Ein Blick auf das Siebengebirge, ein Blick zurück auf die Eifelberge... Bleib doch mal stehen.

Am Stadtrand von Rheinbach beginnt es wieder zu regnen, und diesmal nicht zu knapp. Wir täuschen Interesse an Antiquitäten vor und besichtigen ein dazugehöriges Geschäft. So hat der Inhaber einen Interessenten und wir ein trockenes Plätzchen, und jedem ist geholfen.

Doch der Regen hat mehr Ausdauer als unser Besichtigungsinteresse. Ein hinzukommender Kunde, ebenfalls und sogar wirklich mit der Inspektion von alten Schränken beschäftigt, bemerkt, daß wir nur Zeit gewinnen und eigentlich nach Hause wollen. Er entpuppt sich als ein Bonner Bürger aus unserer Nachbarstraße. Mitleid überfällt ihn, und er lädt uns ein, mit ihm zurück nach Bonn zu fahren.

Dritte Etappe

Die dritte Etappe folgt wieder der Richtung Bonn – Aachen. Diesmal geht es von Münstereifel nach Steinfeld. Wir variieren die im Wanderführer angegebene Richtung, biegen leicht nach Süden ab, um am Schluß der Wanderung im Kloster Steinfeld zu landen. Aber ich gebe zu, es war nicht ganz freier Wille, wir hatten wieder einmal die Markierung verloren, dafür aber das Kloster Steinfeld in weiter Entfernung am Horizont entdeckt.

Ausgelöst worden war die Unachtsamkeit durch das Radioteleskop auf dem Stockert, auf das wir immer gestarrt hatten. Hier waren in den frühen dreißiger Jahren zum ersten Mal zufällig Radiowellen aus der Milchstraße empfangen worden, und die Eifelsensation war perfekt. Es ist eigentlich gar kein Teleskop auf dem Stockert, denn sie sehen nicht in den Weltraum, sondern hören nur in ihn hinein.

Wir sind jetzt rund vierzig Kilometer von Rheinbach entfernt. Unterwegs queren wir den »Heidentempel«, ein Matronenheiligtum auf dem 400 Meter hohen Adding. Auf einem aus dem 3. Jahrhundert nach Christus errichteten Stein wird von einem Straßenpolizisten mit Namen »Marcus Aurelius Agripinus« berichtet, aus dem »Stab des Stadthalters«, der hier sein Gelübde den amphanischen Göttinnen eingelöst habe.

Dann ein paar Meter entfernt ein Gedenkstein: »Hier starb inmitten seiner Wanderfreunde Dr. Hans Hardenberg, erster Vorsitzender des Eifelvereins von 1913 bis 1972.« Der Mann hatte einen schönen Tod. Mitten auf der Wanderung. Den Marcus Aurelius und den Hans Hardenberg trennen mehr als eineinhalb Jahrtausend. Gott habe sie beide selig.

Hinter Pech kehren wir in die Gaststätte »Kakushöhle« ein. Sie hat ihren Namen von den vorgeschichtlichen Kakushöhlen. Wir haben heute keine Lust auf einen Höhlenbesuch. In der Nähe der Kakushöhle verläuft die römische Wasserleitung mit natürlichem Gefälle von der Eifel bis nach Köln. Gott habe auch die genialen römischen Wasserleitungsingenieure und noch mehr ihre Handlanger selig.

Wir entscheiden uns gegen Naturkunde, altrömische Baukunst und Geschichte und wählen statt dessen das Wirtshaus.

In der »Kakushöhle« beim Wirt gab es eine wilde Diskussion über die Politik. Ich wette, daß die CDU die nächste Bundestagswahl gewinnt. Es geht hoch her, und es wird viel gelacht. Ich setze einen Kasten Maggi gegen einen Kasten Bier als Siegesprämie ein. Auf Maggi kam ich, weil der ansonsten famosen Erbsensuppe für mein Gefühl das Maggi fehlte. Ich reklamierte kein Maggi, weil meine Frau schon seit den ersten Ehejahren behauptet, in die Erbsensuppe gehört kein Maggi. Meine Mutter sah das anders.

Ein Mann am Tresen entpuppt sich als bekannter Bundesligaschiedsrichter, Georg Dardenne ist sein Name. Er habe gerade ein Kreisklassenspiel gepfiffen, weil er für diese Saison Urlaub von der Bundesliga habe. Er habe den vorgesehenen Gesundheitstest zu Beginn der Saison nicht ablegen können, weil er in dieser Zeit eine schwere Grippe gehabt habe. Wie das Leben so spielt. Ich quetsche ihn über alle Details der Bundesliga aus. Wieviel Spesen macht ein Schiedsrichter? Wer ist der frechste aller Spieler? Wer macht am besten die »Schwalbe« im Strafraum, um einen Elfmeter herauszuschinden? Seine Antworten bewahre ich wie ein Bundesligageheimnis, streng datengeschützt.

Meine dumme Frage, was heute ein Elfmeter in der Kreisklasse kostet, findet er gar nicht spaßig. Er jedenfalls behauptet, Kreisklasse zu pfeifen sei schwieriger als ein Bundesligaspiel. Und er erklärt auch, warum: Auf dem Kreisklassenspielplatz hören die Zuschauer jedes Wort, und der Schiedsrichter muß jede unflätige Bemerkung sofort ahnden, wenn es sein muß, mit der roten Karte, denn sonst verliert er auf der Stelle seine Reputation. Im Hexenkessel eines Bundesligastadions dagegen kann sich der Schiedsrichter taub stellen und nur hören, was er hören will. So bleibt sein Ansehen als Unparteiischer ungefährdet, weil nur er selbst entscheidet, wann seine Autorität durch dumme Spielerbemerkungen in Frage gestellt wird. Was ich nicht weiß, macht mich nicht heiß. Und was ich nicht merken will, merkt niemand: Das ist das Bundesliga-Motto, das auf dem Fußballacker der Kreisklasse nicht zieht. Dort merkt jeder alles.

Wir erfahren viel über die Gemeinde Weiher. Sie hat 650 Einwohner und sechs Vereine. Was in der Großstadt die Sozialarbeiter besorgen müssen, das schaffen auf dem Dorf die Vereine. Verachtet mir die »Vereinsmeier« nicht! Sie halten die Gemeinschaft mehr zusammen als viele kluge soziologische Bücher. In Weiher gibt es weder Drogensüchtige noch Jugendsekten. Dafür aber Feuerwehr-, Sport- und Gesangverein. Vielleicht gerade deswegen!

Vierte Etappe

Einer der schönsten Streckenabschnitte auf dem Weg von Bonn nach Aachen verläuft entlang der Rurtalsperre.

Wir beginnen am Trappistenkloster Mariawald. Mariawald wurde 1480 als Zisterzienserabtei gegründet und eingeweiht. 1804 aufgelöst, übernahmen die Trappisten das Kloster 1861.

Mariawald liegt auf dem Kermeter Bergrücken. Der Kermeter Wald war eins von den Jagdgebieten Karls des Großen, das er besonders liebte. (Übrigens: Es gibt eine gute Erbsensuppe im Klostergasthaus.)

Die Trappisten gehören zu jenen strengen Ordensgemeinschaften, in denen Schweigen ein Hauptgebot ist. Das ist eine Gegenwelt in einer so plapperlustigen Zeit wie der unsrigen. Die Klosterkirche strahlt eine schlichte Feierlichkeit aus. Die Gesichter der Mönche sind schön. Askese hat ihre Köpfe geformt. Man ahnt, daß von einem bestimmten Alter an jeder für sein Gesicht selbst zuständig ist.

Mit Freunden machen wir uns auf den Weg von Mariawald nach Heimbach. Wir lassen unser Auto in Mariawald stehen. Es ist ein schöner Herbsttag, und mehr Wandergruppen und einsame Spaziergänger als sonst begegnen uns an diesem Tag. Den schönsten Ausblick gewährt uns der Platz vor der Hütte auf der Marienhöhe. Der Blick wandert über gelbe Herbsthügel, die mit kleinen Dörfchen und Kirchtürmen gesprenkelt sind. Es sieht aus, als sei die Landschaft nach einer Postkarte eingerichtet.

Unten liegt die Rurtalsperre. Sie ist mit 749 Hektar Wasserfläche und zwanzig Kilometer Länge die größte Talsperre der Bundesrepublik.

Von der Marienhöhe geht es im Zickzackweg bergab nach Heimbach. Ohne die Stadt zu durchqueren, kommen wir direkt an das Staubecken Heimbach und wandern an ihm entlang in Richtung Staudamm Schwammenauel. 72 Meter ist der Damm hoch, dessen Name so poetisch klingt, aber er ist Menschenwerk, nicht Naturschöpfung. An seinem Ende befindet sich der »Seehof«, ein kleiner kitschiger Rummelplatz. Aber warum zur Abwechselung nicht auch einmal Kitsch? Es kann schließlich nicht überall Idylle und Waldeseinsamkeit sein.

Am See entlang geht es bis kurz vor die Hubertushöhe und dann rechts steil in geschwungenen Waldserpentinen hoch nach Schmidt. 480 Meter über dem Meeresspiegel liegt das Dörfchen, mittendrin ein Dorfgasthof, die »Schmidter Bauernstube«, seit fünfzig Jahren im Familienbesitz, Spezialität Wild, Übernachtung mit Frühstück DM 40. (Keine Angst, der Wirt ist nicht mein Amigo, und ich erhalte keine Provision.)

Nur 12 Kilometer haben wir heute hinter uns gebracht, je weniger wir laufen, um so länger sitzen wir im Gasthaus. Je fauler, um so lahmer. Diese Lebensweisheit erhärtet sich auch auf Wanderungen. Und um dem Ganzen noch die Krone aufzusetzen, lassen wir uns im Taxi für zwanzig Mark zurück nach Mariawald fahren. Das war's für heute.

Den Rest schaffen wir auch noch: die Strecke von Schmidt über Simonskall nach Mulartshütte, dann weiter nach Kornelimünster. Wir stehen 38 Kilometer vor dem großen Tag, an dem wir in Aachen einziehen, wie weiland Karl der Große mit seinem Gefolge. Vorher allerdings müssen wir die »Klosterlücke« zwischen Steinfeld und Mariawald noch schließen. Es zeigt sich auch hier: Vor den Erfolg haben die Götter den Schweiß gesetzt.

Von Schmidt nach Simonskall sind es sechs Kilometer, nicht viel mehr, als in einer Stunde zu laufen ist. Lohnt es sich für solch einen kurzen Katzensprung, von Bonn anzufahren? Für Hin- und Rückreise mehr als doppelt so viel Fahrzeit als Wanderzeit. Warum nicht? Dann schaffen wir die letzte Etappe auf dem Weg nach Aachen in einem Tag, denn zum Schluß unserer Wanderung von Bonn nach Aachen muß ein Gewaltmarsch her. Wir müssen schließlich erschöpft in Aachen ankommen. Das sind wir unserer Selbstachtung schuldig. Eine große Wanderung beendet man standesgemäß nicht als Spaziergänger.

In Bonn war das Wetter noch schön. Die Sonne schien. In der Luft lag Frühjahrswärme. Doch schon in Euskirchen kamen uns kalte Regenschauer entgegen, und am Rursee schneite es. »Komm, kehren wir um«, meint meine Frau; und eigentlich meine ich es auch. Das Auto jedoch fährt unbarmherzig weiter, während wir unseren Wanderentschluß bedauern. Gegen unseren Willen sind wir am Ausgangspunkt unserer Wanderung: in Schmidt.

Schmidt war nur auf vereister Straße erreichbar. Fast wären wir wieder umgekehrt.

Wir marschierten trotz schlechten Wetters, Schneetreiben und vereisten Wanderwegen nach Simonskall. Wandern bei Sauwetter ist von eigenem Reiz. Du siehst fast nichts und kannst dir trotzdem die Landschaft vorstellen. Außerdem, der Wald riecht im Schneetreiben anders als bei Sonnenschein. Da haben wir es wieder: Mit der Nase wandern (sage ich doch) gehört zu den unbezahlbaren Extras jeder Wanderung.

In Schmidt begegnet uns schon nach wenigen Metern Ortsdurchquerung der Vorsitzende der Ortsgruppe des Eifelvereins. Er ist ein pensionierter Bundeswehrflieger vom nahen Flugplatz Nörvenich, und er hält uns einen großen

Vortrag über die Schönheiten der Eifel und die Vorzüge des Eifelvereins. Recht hat er. Was diese Wandervereine für Landschaft und Gemeinschaft leisten, wird viel zu wenig geschätzt. Wie sie auf der Wanderung auch die Schwächsten mitschleppen, so stützen sie auch im Verein die Hilfsbedürftigen mit viel Engagement. Da wird nicht nur gelaufen, sondern auch geholfen. Willi Lohrer, der Vorsitzende, schenkte uns den kleinen Wanderplan für 1994 beim Weitergehen. Das ganze Jahr ist gut eingeteilt mit Datum, Strecke, Führer. Ein Jedermanns-Programm: Halbtagswanderungen und Ganztagswanderungen; Wanderungen für Junge, Wanderungen für Alte, Wanderungen für alle; Ostereiersuchen, Maiennacht am Zimmel, Familienrundwanderung, Vatertagsfrühwanderung, Gedenkmesse des Eifelvereins, Erntedankfest, Wanderwoche im Südschwarzwald. Niemand muß sich in Schmidt einsam fühlen.

In Simonskall kommen wir nach über einer Stunde halb erfroren an. Wir hatten unsere Kleidung wieder einmal unvorsichtigerweise nach dem Wetter in Bonn ausgerichtet. Es ist immer falsch, die Kleidung nach der Gegenwart und nicht nach der Zukunft auszuwählen. Sicherheitshalber sollte man immer einen Pullover mehr dabei haben. An Überhitzung ist noch selten jemand gestorben, an Erkältung viele. Ach, auch das noch: Meine Schuhe erweisen sich als denkbar ungeeignet für eine Wanderung im Schnee. Ich rutsche mehr von Schmidt nach Simonskall, als daß ich gehe. Der Weg von Schmidt nach Simonskall müßte im Winter eigentlich schneekettenpflichtig sein.

Jetzt sind wir sechs Kilometer weiter, ein bißchen wenig für eine Tageswanderung. Aber sechs Kilometer bei schlechtem Wetter entsprechen dreißig Kilometer bei gutem. Das ist jedenfalls meine Rechtfertigung für den heutigen Katzensprung und unser Trost.

Das »Waldhotel am Wiesengrund« weist mit einer großen Tafel auf seine frischen Forellen hin. Am Forellenbecken blieben wir stehen. Forellen, Forellen, mehr als du essen kannst. Wenn die Forellen so frisch sind wie das Wasser, das ununterbrochen ins Becken fließt – na, dann guten Appetit. Damit ist die Frage beantwortet, was das heutige Tagesziel ist: Simonskall.

Kurz bevor wir das Wirtshaus betreten, macht uns ein vorbeilaufender Passant eilfertig darauf aufmerksam, daß dies ein FDP-Lokal sei. Wieso? stutze ich und strauchele. Ich ärgere mich schließlich über mich selber. Soll die Parteizugehörigkeit am Ende gar das Kriterium dafür sein, wo man essen und trinken darf? Pfui Teufel! Wo kämen wir hin, wenn wir unser ganzes Leben und sogar Wanderungen nach parteipolitischen Markierungen ausrichten würden? Verdammt noch mal, laßt mich mit eurer ständigen Parteipolitik in Ruhe.

Die Forelle schmeckt gut. Wir bekommen den Tip, daß die Forellen frisch sind, wenn sie mit geplatzter Haut auf dem Teller liegen. »Aalglatte Forellen« sind dagegen alt. Als Forellen-Amateur hätte ich das genau umgekehrt eingeschätzt. So kann man sich täuschen. Man lernt immer dazu!

Der Wirt ist sympathisch und, wie sich herausstellt, erst seit ein paar Jahren hier. Er hat es schwer, seinen Stand in dieser etwas abseits gelegenen Gegend zu behaupten. Keinen freien Tag hat er, von früh bis spät »Maloche«. Betriebsferien kann er sich auch nicht leisten. Einmal hat er sie gemacht. Nie mehr! Viel Geld haben sie ihn gekostet. (30 000 DM fixe Kosten im Monat erlauben eben keinen Urlaub.) Die Gastronomie macht ihm dennoch mehr Spaß als die Baumaschine, die er vorher bedient hat.

Warum er denn vom Maurer zum Gastwirt gewechselt sei, frage ich ihn. Die Wirtschaft liege ihm mehr im Blut. Das Bauhandwerk dagegen sei so etwas wie eine Verirrung gewesen. Seine Mutter habe eine Kneipe geführt, in der er schon als Kind geholfen habe. Die größere Schwierigkeit –

das erzählen übrigens fast alle Wirte – sei das Personal. Vier Millionen Arbeitslose und keiner, der die Teller wäscht. Der Oberkellner ist ein Türke, und mit ihm ist der Chef sehr zufrieden.

Am Ende des kleinen Plausches fährt der Wirt uns nach Schmidt zurück.

Heute war unsere Etappe nur ein kleiner Hopser. Aber jede große Wanderung ist die Summe von vielen kleinen Schritten. Auch Marco Polo konnte auf dem Weg nach China sechs Kilometer nicht einfach überspringen.

Sechste Etappe

Über den nächsten Abschnitt unserer Wanderung von Bonn nach Aachen gibt es nicht viel zu berichten. Wir schließen die Lücke zwischen der Abtei Maria Wald und Kloster Steinfeld. Es regnet und regnet und regnet, und wir haben wieder die falsche Kleidung dabei.

Nach 17,5 Kilometer sind wir am Kloster Steinfeld angekommen. Das war's für heute.

Mit nassen Kleidern besichtigen wir noch das Kloster. Prämonstratenser haben es gegründet. Der heilige Norbert, dieser gute Mann, hat diesen Orden, mitten im Hochmittelalter, im Zuge der großen Armutsbewegung ins Leben gerufen. Heute ist in dem Kloster ein moderner Schulorden untergebracht, der ein Internat mit dazugehörigem Gymnasium führt. Und einer der Internatszöglinge von gestern lebt hier heute als Bruder. Seine Leidenschaft scheint die Orgel zu sein, auf der er uns Kantaten von Bach vorspielt. So vergißt man schnell die klammen Kleider.

Ist das nicht der Blüm?

Über Stock und Stein – querfeldein

»Schaffen wir erst oder essen wir erst?« Aus irgendeinem alten Märchen kenne ich diesen Satz, und irgendwie handelt die Geschichte von faulen Brüdern. Wie sie ausgeht, weiß ich nicht mehr.

Wandern wir erst oder rasten wir erst? Immer diese Entscheidungen. Wie die faulen Brüder entscheiden wir uns am Beginn unseres letzten Wanderabschnitts von Simonskall nach Aachen für Rast und Essen. Erst das Spiel, dann die Arbeit, so drehen wir die alte Volksweisheit einfach um. Vor uns liegen 32 Kilometer. Wir beginnen mit dem Frühstück in eben jenem Gasthaus »Zum Wiesengrund«, in dem wir die vorletzte Wanderetappe vor ein paar Wochen abgeschlossen hatten. Damals mit frischen Forellen.

Diesmal schlagen wir erst einmal mit einem kräftigen Frühstück zu, denn in meinem Wanderführer steht fettgedruckt und dick unterstrichen: Zwischen »Mulartshütte und Simonskall, 16,5 km, gibt es keine Einkehr- und Übernachtungsmöglichkeit.« Wir wandern zwar in entgegengesetzter Richtung. Aber das spielt ja für die Einkehrmöglichkeiten keine Rolle.

Gestärkt und auf alle Strapazen seelisch vorbereitet, beginnen wir nun morgens um zehn Uhr die Wanderung. Wir, das sind diesmal Mutter, Tochter Katrin, Schwiegersohn in spe und »Vatter« – ich.

Es ist Rosenmontag. In Köln, Aachen, Düsseldorf und Mainz beginnen sich die Narren jetzt warmzulaufen, ihren Kamellenvorrat zu überprüfen und die alkoholischen Heizmittel für die große Anstrengung zu präparieren. Wir haben das alles nicht nötig. Ohne Kamellen, ohne Tschingderassabumm und ohne fröhliche Zuschauer am Wegesrand beginnen wir die Wanderung. Es ist zehn Grad unter Null. Aber die Sonne scheint. Das Unternehmen beginnt mit einem steilen Aufstieg. Das fängt ja gut an. Vater keucht wie eine alte Dampflok und läßt die Luft als Dampfsäule stoßweise aus seinem Mund entweichen. Man ist halt nicht mehr der Jüngste.

Ein Unglück kommt selten allein. Schon nach kurzer Zeit haben wir uns wieder einmal verlaufen. Zu dumm auch, daß uns das meistens zu Beginn der Wanderung passieren muß! Keine Wegmarkierung weit und breit. Entgegen meinen eigenen Wanderempfehlungen suchen wir nicht die Stelle, an der wir vom rechten Weg abgekommen sind (wir hätten ja zurücklaufen müssen) – nein, wir laufen einfach nach der Himmelsrichtung weiter. Hinter uns die Sonne. Also muß vor uns, jedenfalls um diese Zeit, Nordwesten sein. Dort irgendwo in weiter Ferne liegt Aachen, das Ziel all unserer Wünsche. Mehr Wünsche haben wir an diesem Tag nicht.

Eine kristallklare Reifschicht liegt über den Bäumen und auf den Wegen eine hauchdünne Schneedecke. Die Bächlein am Wegrand sind zugefroren und in bizarren Mustern erstarrt. An mancher »Stromschnelle« scheint das Wasser im Sturz stehengeblieben zu sein, so, als hätte es plötzlich die Lust verloren weiterzufließen. Jetzt erkennt man erst, wie quirlig ein Bach ist, wenn er fließt. Als erstarrter Eisstrom verrät er, welche Sprünge das Wasser machen kann. Nun ist der Wassersprung mitten in der Luft erfroren und als Eis der Zeit vorerst entrückt.

Ganz unvorbereitet und wie aus heiterem Himmel erblicken wir rechts des Weges einen Stein, dessen Inschrift verrät, daß hier 1976, nach 32 Jahren, das Grab von drei vermißten Soldaten entdeckt worden war. Zwei amerikanische Soldaten und ein unbekannter Deutscher waren hier verscharrt. Der Name des einen amerikanischen Soldaten war Francis Dempfle. Das läßt erahnen, woher er kommt: Wahrscheinlich sind seine Vorfahren irgendwann aus dem Schwabenland nach Amerika ausgewandert. Und an diesem Ort also fiel der Nachfahre. Hier im Hürtgenwald tobte von Oktober 1944 bis März 1945 eine furchtbare Schlacht. 75000 Soldaten verloren dabei ihr Leben. Der Stein abseits, mitten im Wald gelegen, ist ein Denkmal der Grausamkeit jeden Krieges.

Am Forsthaus Jägerhaus treffen wir wieder auf die Zivilisation. Dick vermummte Wanderer umkreisen auf Rundwanderwegen das Forsthaus. Den Rundwanderern gilt heute meine hochmütige Verachtung. Wir haben ein Ziel, wir kreisen nicht. Dafür frieren wir gehörig. Dort, wo der Wald eine Fläche freigibt, pfeift ein eisigkalter Wind. Immerhin liegt das Forsthaus 560 Meter über dem Meeresspiegel.

Das Forsthaus Jägerhaus ist heute unser Gipfelerlebnis. Wenige Meter weiter auf der Strecke nach Aachen liegt vor uns an den Nordhängen der Eifel Eschweiler. Sein Kraftwerk dampft in den kalten Himmel, und links, weit hinten, erkennt man Aachen. So wie wir heute auf Aachen, muß Moses damals auf das gelobte Land voll Wohlgefallen heruntergeblickt haben. Doch wir haben es besser als er. Denn er erreichte bekanntlich das gelobte Land selbst nicht mehr. Wir aber werden unser Aachen noch heute erreichen – so Gott will.

Nach vier Stunden sind wir in Mulartshütte. Mulartshütte ist ein altes Dorf. 1430 wurde hier eine Eisenhütte gegründet. Der Name des Gründers gab dem Dorf seinen Namen.

Trotz Umwegen haben wir die im Wanderführer angegebene Streckenzeit eingehalten. Mitten im Dorf steht das »Alte Jägerhaus«, eine gemütliche Gaststätte. Als wir das Gasthaus betreten, dämmert es uns: Hier waren wir schon einmal – vor vielen Jahren. Der Wirt braucht nicht so lange für das Wiedererkennen. Er behauptet, es sei genau zwei Jahre her, und um die Wiedersehensfreude zu bestätigen und unsere erstarrten Gliedmaßen aufzutauen, serviert der Wirt eine Spezialiät des Hauses: heißen Slibowitz mit Honig verrührt. Und er kommt ins Erzählen. Ivan ist sein Vorname, und das, wie sein Akzent, läßt bereits darauf schließen, daß er nicht aus der Eifel stammt.

Er ist Kroate und stammt aus Mostar. Vor 22 Jahren hat er sich hier niedergelassen – »mit nichts«, wie er sagt, »mit weniger als nichts«, wie er hinzufügt. Heute bewirtschaftet er ein gutgehendes Hotelrestaurant. Es ist sogar inzwischen sein Eigentum. Aber die Fröhlichkeit und der Stolz über das Erreichte brechen abrupt ab. Er hat das Bedürfnis, von seiner Heimat, von der schönen, leidenden Stadt Mostar zu erzählen. Verwüstet sei sie, die alte schöne Stadt mit den romantischen Brücken. Er könne es nicht verstehen. Moslems und Christen, katholische oder orthodoxe, hätten hier friedlich über Jahrhunderte in guter Nachbarschaft gearbeitet und gelebt, und jetzt – jetzt ermordeten sie sich gegenseitig. »Ich kann es nicht verstehen. Ich kann es nicht verstehen«, unterbricht er seine Erinnerungen refrainhaft immer wieder.

Inzwischen hat er seine Mutter und seinen Vater zu sich nach Mulartshütte geholt. Der 82jährige Patriarch wird dann auch noch in die Wirtsstube geführt. Er spricht kein Wort Deutsch. Er will nach Hause, sagt der Sohn, der versprochen habe, den Vater Ostern nach Hause zu bringen. Jetzt leben vier Generationen unter einem Dach: Großeltern, Eltern, Enkel und Urenkel. Ja, die Familie hält zusammen. Seine Geschwister sind über Deutschland verstreut, aber alle besitzen ein Gasthaus, und an Weihnachten, wenn ihre Gasthäuser geschlossen sind, versammelt sich Jahr für Jahr die Großfamilie in Mulartshütte. Dann ist Mulartshütte Jerusalem.

Wir essen gut und reichlich – zu viel für einen erfahrenen Wanderer –, und als Buße mußt du in Kauf nehmen, zu viel Gepäck, nämlich deinen vollen Magen, über die weitere Wegstrecke zu schleppen: Strafe muß sein. Von den verderblichen Wirkungen der Sünde weiß man vorher – und begeht sie doch.

Nach einer Stunde erreichen wir Kornelimünster, ein Schmuckstück der Eifel. Seine Kirche Sankt Salvator steht inmitten der Gemeinde, von einem altertümlichen Marktplatz umrahmt. Von tausend Jahren europäischer Baugeschichte zeugen die Steine von Sankt Salvator. 817 wurde hier das Monasterium Sancti Cornelii at indam vom heiligen Benedikt von Aniane, dem Erneuerer des Benediktiner-Ordens, gegründet. Ludwig der Fromme, dritter Sohn und Nachfolger Karl des Großen, hielt seinen Schutzmantel über das Kloster. Kein frommer Schutz konnte jedoch Kornelimünster und sein Kloster vor den Barbareien der Geschichte bewahren. Wenige Jahre nach seiner Gründung, 881, wurde es von den Normannen verwüstet, 1310 von Aachener Bürgern niedergebrannt. Die Geschichte des Städtchens ist eben auch eine Geschichte der Zerstörungswut, zu der Menschen fähig sind, wenn sie die Bande der Zivilisation einmal abstreifen.

Kornelimünster bietet jedoch nicht nur Erinnerung an Zerstörung, es ist auch Beweis für die Anstrengungen, zu denen Menschen fähig sind, wenn sie von großen Zielen begeistert werden. Die Baugeschichte der Kirche umfaßt Jahrhunderte. Anfang und Ende liegen weit auseinander. Fast alle großen Stilepochen haben in der Kirche ihre Spuren hinterlassen.

Die Vorhalle ist karolingisch-gotisch, der Chor klassischgotisch, das Langhaus spätgotisch. Die Corneliuskapelle, 1706 angebaut, atmet den Barock, und auch die niederrheinische Plastik aus dem 16. Jahrhundert hat in Sankt Salvator ihren Platz gefunden. Das Maßwerk am Kirchenfenster wurde am Ende des vorigen Jahrhunderts erneuert. Gebaut und gebaut haben die Menschen hier, und immer wieder neu angesetzt. Das Werk wurde selbst dann begonnen, wenn die Bauleute die Gewißheit hatten, seine Vollendung nie zu erleben. Wir dagegen denken in kürzeren Zeiträumen.

Unser Weg aber geht weiter. Oben am Ortsausgang passieren wir die Benediktinerabtei. Kirchenglocken bimmeln. Ich empfehle unserer kleinen Wandergruppe »Kirchenbesuch«. Sie folgt teils verwundert, teils widerwillig meiner religiösen Wegweisung. Meine Weggefährten sind jedoch von einem unwiderstehlichen Stalldrang erfaßt. Sie wollen so schnell wie möglich ans Ziel und jetzt keine Ablenkung mehr. Eine kurze, heftige Diskussion, und ich habe mich durchgesetzt.

Allerdings überschätzte man meine religiösen Bedürfnisse: In Wahrheit wollte ich mir nur eine Rast auf den Kirchenbänken gönnen. Ich war erschöpft, wollte es aber nicht zugeben. Nur der liebe Gott hat mich wahrscheinlich durchschaut. Aber er hat sich für meine kleine Scheinheiligkeit nicht gerächt, sondern uns sogar mit dem unerwarteten Anblick von eindrucksvollen Kreuzwegbildern im Kircheninnern belohnt, geschaffen von der Aachener Künstlerin Brooks-Gerloff.

Um 18 Uhr beginnt die Vesper in der Benediktinerabtei. Was liegt näher, als meine Kirchenrast mit dem Vespergebet zu verbinden. Doch meine »heidnischen« Wanderfreunde drängen aufs Weitermarschieren. Ihr stärkstes Argument ist denkbar trivial: Es wird dunkel. Diesmal gebe ich nach.

Spät am Abend erreichten wir den Stadtrand von Aachen. Es war Rosenmontag abend, und der Taxifahrer, der uns durch die Stadt fuhr, erzählte von den guten Geschäften, die er an diesem Tag und in der vorigen Nacht schon gemacht hatte. Doch heute nacht würde das Geschäft schon abflauen. Morgen sei ja wieder Arbeitstag. Ach Gott, bei uns ja auch. Aber was kümmerte es uns. Hauptsache, wir hatten unser Ziel erreicht.

Bonn – Aachen liegt hinter uns.

Am Pfingstfest begannen wir die Wanderung. Am Rosenmontag endete sie in Aachen. Zwei schöne, herausragende

Eckposten für unsere Wanderung. Pfingsten, das Fest des heiligen Geistes, und Karneval, die Hochzeit der Fleischeslust Carn(e)vale. Den Tagen der vorösterlichen Fleischenthaltung sind die Tage christlichen Lebensgenusses vorangesetzt. Im Karneval sind christliches Brauchtum und heidnische Saturnalien eine glückliche Symbiose eingegangen.

Geist und Fleisch, Leib und Seele – sie sind die Wegmarkierungen unseres irdischen Pilgerweges. Rechts und links des Weges droht Absturz. Wir sind eben weder nur Geist noch nur Fleisch. Leib und Seele haben wir auf unserer Wanderung gestärkt. Deshalb sind Pfingsten und Karneval auch gute Symboltage für unsere Wanderung zwischen Bonn und Aachen.

Wir standen in Schladming in der langen Warteschlange vor dem Skilift. Es war kalt. Die Stimmung der Mannschaft war frostig wie das Wetter. Neben mir stand ein Mann in mittleren Jahren. Er betrachtete mich schweigend, aber offensichtlich voll innerer Abneigung. Plötzlich schöpfte er Mut und fragte: »Sind Sie der Blüm?«
Augenblicklich schwante mir, daß dies der Beginn einer aggressiven Unterhaltung sein könnte, zu der ich nun wirklich keine Lust hatte.
Ich antwortete: »Ja, ich heiße Blüm, aber ich bin nicht der von der CDU. Das ist mein Bruder.«
Schon gingen leichte Anzeichen von Entspannung durch die Gesichtszüge meines Nachbarn. Ich wollte seiner Freude noch eine Steigerung verschaffen und ergänzte: »Mein Bruder, der Norbert, ist ein ziemlicher Spinner. Er hat schon meine Mutter als kleiner Junge vor Ärger zur Weißglut gebracht.« Das Eis schmolz wie unter der Kraft eines Golfstromes; das Gesicht des Mannes signalisierte Entwarnung. Mein mittelständischer Mitbürger konnte seiner Zuneigung nun kaum Grenzen setzen. Wir schimpften gemeinsam über den »linken Blüm«, übertrafen uns wechselseitig mit abschätzigen Urteilen. So wurde selbst die Wartezeit vor dem Skilift kurzweilig.
Oben auf der Kopfstation angekommen, wollte er mich in die nächste Hütte – gleichsam zur Siegesfeier gemeinsamer Überzeugung – auf einen Glühwein einladen. Das war mir dann doch zu viel.
Meine Kinder verachteten meine Verstellungskünste, wenngleich sie ein wenig stolz auf meine Bereitschaft zur Selbstverleugnung waren. Im Saldo aber überwog das Minus, weil sie in meiner Flucht vor »Blüm original« einen Hauch von Feigheit vermuteten. Dieser Verdacht war Strafe genug für meinen kleinen Betrug.

Valepp – Sigi und die Seinen

Die Chancen eines Landes sind nach Auffassung der Geopolitiker von seiner geographischen Lage abhängig. Das ist so falsch und so richtig wie die Behauptung, der Mensch sei das einfache Produkt seiner Landschaft. Es wird niemand bestreiten, daß Menschen entweder in ihre Umgebung passen wie der Deckel auf den Topf oder die Faust aufs Auge. Sigi paßt ins Forsthaus Valepp wie der Deckel auf den Topf.

Forsthaus Valepp, das mußt du wissen, ist ein altes Forsthaus nahe der Tiroler Grenze südlich des Schliersees. Vom Spitzingsee ist das Forsthaus in einer guten Stunde zu Fuß erreichbar. Schon diese Wanderung ist wie der Introitus einer alten lateinischen Messe. Du kommst erst langsam in Bewegung und steigst dann fast unbemerkt sachte empor. Zur rechten Hand die Rote Valepp, ein seit Jahrhunderten von Stein und Felsquader zum Singen gebrachter Gebirgsfluß. Eine kleine Brücke, und schon ist die Rote Valepp links von dir, und wenn sie dann plötzlich wieder rechts von dir ist, dann sind es nur noch fünf Minuten zum Forsthaus. Kurz zuvor verheiratet sich die Rote Valepp mit der Weißen Valepp, die von rechts aus Richtung Rottach-Egern kommt.

Im Forsthaus Valepp waltet Sigi mit seiner ganzen Sippe. Er herrscht dort nicht, sondern erfüllt seine Pflicht, wie jeder in der Valepp sein Pflichtprogramm hat. Zu Sigis Aufgaben gehören allerdings nicht nur alle Rollen, die auf der Valepper Besetzungsliste nicht vorgesehen sind, sondern auch jene, die vorübergehend aus Zufall oder Nachlässigkeit nicht besetzt sind. Sigi, der Star im Lückenbüßerfach.

Das beste, was Sigi zu bieten hat, sind seine Forellen. Und sein Bier schmeckt am besten nach einem Enzian. Auch Enzian ist ein Introitus, jedenfalls in Sigis Trinkgewohnheiten.

Auf Teneriffa, wo Sigi ein Ferienhaus hat, schmeckt der Enzian wie warmes Toilettenwasser, behauptet er. Ja, auch der Enzian braucht seine Umgebung wie Sigi sein Forsthaus.

Sigi ist keine Dutzendware, sondern einmalig, ein Original im nicht abschätzigen Sinne. Du glaubst, er sei schon seit Jahrhunderten hier. Weit gefehlt. Ein angesehener Bauunternehmer in Ottobrunn war er. Leider hat er bankrott gemacht. Aber er ist ein Bankrotteur in Ehren, denn er hat alle seine Arbeiter bis auf den letzten Pfennig ausgezahlt und sie zudem noch mit viel Mühe in anderen Betrieben untergebracht, wohlgemerkt alle, die ausländischen Bauarbeiter mitgezählt. Darauf legt Sigi Wert. Erst hat er die Mannschaft gerettet, dann sich selbst. Getreu der Maxime der christlichen Seefahrt: Der Kapitän verläßt als letzter das sinkende Schiff.

Diese Ehre, die er sich bewahrt hat, gibt Sigi Halt und unterscheidet ihn elementar von seinen halsabschneiderischen Auftraggebern, die sich über Nacht mit Kind und Kegel und einer Million in der Reisetasche nach Afrika davonstahlen und ihn arm wie eine Kirchenmaus auf unbezahlten Rechnungen sitzenließen. Der Haupträdelsführer war ein angesehener, ehrenwerter Gemeinderat, bemerkt Sigi sarkastisch. Der nicht mitgesprochene Kommentar: eben ein Politiker...

Alles mußte Sigi verkaufen, nichts blieb ihm als seine Frau und seine vier Kinder.

Mit einer Wurstbude, Spezialität Currywurst mit Pommes frites, plaziert an einer Straßenbahnhaltestelle, fing er wieder an. Eine Schule war in der Nähe, Gott sei Dank, mit vielen hungrigen Schülern, die ihn in der Unterrichtspause überfielen, Gott sei Dank. So war Sigi nicht allein auf hastige Straßenbahngäste angewiesen, deren Umsteigefrequenz kürzer als die Pausen der Schüler und deren Kaufkraft offenbar geringer war als die der armen Kinderchen.

Der langen Rede kurzer Sinn: Sigi kam wieder zu Wohlstand. Er schuftete, seine Frau schuftete, die Kinder halfen mit, und plötzlich, gegen alle unternehmerische Planung und etwas voreilig, ersteigerte Sigi, fast gegen seinen Willen und mehr aus Versehen, mit dem erworbenen Wurstbudenreichtum ein richtiges Wirtshaus, bei dessen Versteigerung er eigentlich nur als neugieriger Zaungast mitwirken wollte. Irgendwann während der zeitaufwendigen Versteigerungsprozedur scheint es ihn übermannt zu haben. Der Wagemut zum Mitsteigern entsprang mehr einer spontanen Nostalgie als einer kalkulierten Risikoabwägung. In selbigem Haus nämlich hatte er einst geheiratet. Nach dem Zuschlag sei Sigi völlig zerknirscht und ängstlich nach Hause gekommen und habe nicht gewußt, wie er seiner ahnungslosen Frau beibringen sollte, daß sie seit einer Stunde Besitzer eines Wirtshauses waren. Na ja, sie hat es geschluckt.

Verheiratet ist verheiratet, verschuldet ist verschuldet.

Das Wirtshaus brachte Arbeit, viel, fast zu viel Arbeit. Vor allen Dingen lange Tage und kurze Nächte. Denn selbst wenn nachts um eins ein Stammgast noch vor seinem halben, schon schal gewordenen Bier dahindöste, mußte der Wirt Sigi noch dabeisitzen. Wer wird schon dem Stammgast seine schlechte Laune und sein Sitzfleisch in Rechnung stellen?

Aber irgendwann platzte der Knoten. Als das Forsthaus Valepp zur Pacht frei wurde, gab er den Besitz in Ottobrunn auf und wurde Pächter im Forsthaus Valepp. Sigi im Glück.

Und jetzt sitzen die beiden, Sigi und seine Frau, fast am Ende der Welt, an einem der schönsten Enden der Welt, und genießen den Erfolg, daß der zweite Pachtvertrag nicht fünf, sondern sogar zehn Jahre läuft. Und abends, wenn die Nacht über die Valepp herabsinkt und sie allein sind, weil die Wanderer längst das einsame Tal verlassen haben, dann wissen sie ihr jetziges Leben erst richtig zu schätzen – nach all den vergangenen Turbulenzen, die das Leben so mit sich bringt.

Höchstens ein paar Hausgäste hocken ab und zu mit Sigi im Winter um den Kachelofen herum oder im Sommer auf der Terrasse, um nichts zu hören als das Rauschen der Valepp, und vielleicht sehen sie, wenn sie Glück haben, ein in der Dunkelheit vorbeijagendes Hirschrudel.

Hin und wieder kommt auch der Forstdirektor Kornprobst vorbei, trinkt sein Bier und seinen Enzian, was auch nicht schlecht ist, denn er vergibt schließlich die Pacht.

Das Forsthaus hat Tradition. 1841 wurde es im Zug des Forstwegeausbaus vom Königlichen Salinenamt Bad Reichenhall errichtet. Jennerwein, der sagenhafte Wilderer, hat hier in der Gegend sein Unwesen getrieben. Wieso Unwesen? Das einfache Volk sah sein Treiben ganz anders als die Obrigkeit. Es liebte und verehrte ihn, denn er schoß das königliche Wild weder für die hohen Jagdbesitzer noch für sich, sondern für das niedere Volk der armen Bergbauern und Forstleute. Ein bayerischer Schinderhannes war er, der sich von seinem Mainzer Bruder im Geiste vornehmlich dadurch unterscheidet, daß ihm der nachfolgende Film zum dazugehörigen Leben noch fehlt. In Sachen Mut jedenfalls kann sich Jennerwein mit Schinderhannes messen. Den hohen Herren ein Schnippchen schlagen, das war Jennerweins private Variante zu der großen öffentlichen Revolution, die über hundert Jahre vorher in Frankreich stattgefunden hatte.

Der Girgl Jennerwein mußte sterben, getroffen im Rükken, wie man bei der Leichenschau mit Bestürzung feststellte. Der Schuß in den Rücken, das war das Indiz für eine nicht ganz rechtmäßige Verhaftung, um die sich heute noch Legenden und üble Nachreden ranken. Eine schöne Sennerin soll im Spiel gewesen sein. Der Schuß soll nicht so sehr der Wiederherstellung der rechtlichen Ordnung gegolten haben, sondern der Rache eines verschmähten Liebhabers entsprungen sein.

Wie dem auch sei, der Forstgehilfe Pfödderl, Hans, der den Jennerwein am Peißenberg gestellt und erschossen hatte, wurde ins Forsthaus Valepp versetzt, was offenbar damals einerseits einer Gefängnisstrafe gleichkam, aber andererseits auch strafmildernd berücksichtigte, daß der Pfödderl der Obrigkeit einen Gefallen getan hatte, indem er den vom Holzknecht zum Volkshelden erhobenen Jennerwein ins Jenseits befördert hatte. Der jedoch, der Jennerwein, behielt auch nach seinem Tod einen Platz auf Erden, und zwar im Gedächtnis des Volkes, was sich mit der Tatsache belegen läßt, daß just an seinem 100. Todestag, am 6. November 1977, eine frisch gewilderte Gams sein Grabkreuz schmückte. Die amtierende Obrigkeit soll über die dem Jennerwein nachfolgenden Jünger ebenso erbost gewesen sein wie ihre verflossenen Vorgänger einst über den jetzigen Grabbewohner.

Während das Volk den Girgl Jennerwein im Himmel vermutet, ist es andererseits fest davon überzeugt, daß der Pfödderl Hans mit dem Teufel zur Hölle gefahren sei. Das Volk kennt sogar den Ort und die Zeit, wo der Teufel den Pfödderl geholt habe. In der Todesstund auf der Bodenscheid ist's passiert.

Dem Wildschütz Jennerwein dagegen dichtete das Volk ein schönes Lied, das noch immer inbrünstig an Schützengräbern gesungen wird:

Es war ein Schütz in seinen schönsten Jahren,
Er wurde weggeputzt von dieser Erd,
Man fand ihn erst am neunten Tage,
Bei Tegernsee, am Peißenberg.

Auf den Bergen ist die Freiheit,
Auf den Bergen ist es schön,
Doch auf so eine schlechte Weise,
Mußte Jennerwein zugrunde gehn.

Auf hartem Stein hat er sein Blut vergossen,
Am Bauche liegend fand man ihn -
Von hinten war er angeschossen,
Zersplittert war sein Unterkinn.

Man bracht ihn dann noch auf den Wagen,
Bei finsterer Nacht ging es noch fort,
Begleitet von seinen Kameraden
Nach Schliersee, seinem Lieblingsort.

Dort ruht er sanft, ja, wie ein jeder,
Bis an den großen jüngsten Tag.
Dann zeigt uns Jennerwein den Jäger,
Der ihn von hint erschossen hat.

Und am großen jüngsten Tage
Putzt jeder sein Gewissen und's Gewehr;
Dann marschiern d'Jäger samt die Förster
Aufs Gamsgebirg zum Luzifer.

Jennerwein hat immer noch Nachfolger, wenn auch sein spezifisches Armenprogramm inzwischen stark reduziert ist. Bei einem jüngst vor dem bayerischen Amtsgericht in Miesbach verhandelten Fall der Wilderei war die soziale Komponente sogar ganz gestrichen. Der dort angeklagte Konditormeister aus Rottach-Egern hatte in die eigene Tasche gewildert, so daß bei der Urteilsfindung keine mildernden Umstände zu finden waren, was das hohe Gericht zu der bitteren Strafe zwang, der zur Bewährung ausgesetzten Haftstrafe auch noch den Verlust des Jagdscheins auf fünf Jahre hinzuzufügen. Das brachte die Volksseele in ernste Wallungen. Sei es drum.

»Seit Schalck-Golodkowski bei mir Kuchen kauft und ich als Wilderer verurteilt bin, läuft mein Geschäft«, soll der besagte als Wilderer verurteilte Konditormeister unlängst dem Oberforstmeister anvertraut haben.

So bringt das Leben hier im Voralpenland zwar nicht alles in die vorgeschriebene Ordnung, aber fast alles in die Balance.

Nur nichts auf die Spitze treiben. Zu viel Perfektionismus schadet nur.

»Wann fährt der nächste Bus?« So fragte keck ein vom Wandern erschöpfter Berliner, nachdem er Enzian, Weißbier, Hirschbraten, Weißbier, Enzian zu sich genommen hatte, unseren Sigi am 1. Januar 1994 gegen 14 Uhr – ich kann's beeiden, ich war Augen- und Ohrenzeuge. Der Sigi dreht sich langsam um, sechs Bierseidl in zwei Händen haltend, offenbar vom preußischen Kommandoton des Fragestellers leicht irritiert, und antwortet ebenso korrekt und lebensfern, wie die Frage des Berliners war: »Am 1. Mai um 9.15 Uhr, aber«, etwas Luft holend, »es kann auch schon mal zehn Minuten später werden.«

Alles korrekt, alles perfekt. Nur zu forsch hat's der Sigi nicht so gern. Man kann ja dumm fragen, aber bitte nicht so zackig...

Man muß wissen, im Winter fährt kein Bus zur Valepp, die Straße kann schon mal von Lawinen verschüttet sein. Auf jeden Fall und jeden Tag liegt viel Schnee auf ihr. Denn die Valepp fließt durch ein garantiert schneereiches enges Tal. Hier fährt kein Winterbus.

Von Sigi kannst du abends, wenn die Wanderer sich längst davongemacht haben, noch immer allerlei Geschichten, absonderliche Schnurren und groteske Anekdoten erfahren, und immer erzählt er sie mit einem nicht zu übersehenden körperlichen Einsatz.

»Da kam die Lawine von oben«: Sigis Kopf dreht sich nach oben, und mit einer winzigen Verspätung folgen die Augen dieser Drehbewegung; »man weiß es nicht«: Sigi hebt mehrmals die Schultern und gönnt sich eine verbale Pause. »Dann schliefen wir ein«: Für Bruchteile einer Sekunde schließt Sigi tatsächlich die Augen. »Der Hund sprang den Mann an«: Sigi hebt abrupt den Hintern vom Stuhl und die Hände vom Tisch. »Keinen Pfennig hatten wir mehr in der Tasche«: Sigi kehrt die Hosentaschen blitzschnell nach außen, faltet sie ebenso behende wieder ein und erzählt erst dann weiter.

Das Repertoire seiner Körpersprache hat bisweilen einen winzigen Vorsprung vor seinen verbalen Ausdrucksmöglichkeiten. Keine Nachrichten jedenfalls ohne gestische Unterstützung, keine Mitteilung ohne dazugehörige Mimik. Sigi könnte ein verspäteter Musterschüler von Karl Valentin sein. In jedem Fall ist er das lebende Beispiel für nonverbale Kommunikation. Heinz, sein schwergewichtiger Sohn und designierter Nachfolger, meint: »Wenn du ihm die Hände fesselst, bringt er nix mehr raus.«

Wenn Sigi allerdings von der Weißen Frau spricht, dann nimmt seine Stimme einen fast konspirativen Flüsterton an, seine Barthaare scheinen zu erstarren, seine Augen schließen sich bis auf fernöstliche Spaltbreite, und er lehnt sich mit dem Oberkörper weit vor, fast bis in die Nähe deines Ohres, um dir zu erzählen, welche Bewandtnis es mit der Weißen Frau hat, die hier im Forsthaus anscheinend noch immer einen unsichtbaren festen Wohnsitz einnimmt.

Dort oben in Sichtweite auf dem Berg steht die weiße Kapelle »Maria Hilf«. Sie steht dort seit 1710. Und dort hatte die Weiße Frau einst, als sie noch unter den Lebenden war, Unterschlupf gesucht:

Das Vieh war längst abgetrieben, die Sennerin hatte die Hütte noch sicher und winterfest gemacht, und jetzt war sie, ein paar Tage nach dem Almabtrieb, auf dem Abstieg ins Tal. Schnee fiel, viel zuviel und viel zu früh und ohne Vorwarnung. Aber irgendwann wird es ja wieder aufhören, dachte sie sich und nahm den Namen der Kapelle wörtlich: »Maria Hilf«. Als sie jedoch wieder weiterreiten wollte, weil der Schneefall nachgelassen hatte, muß die Sennerin mit Entsetzen bemerkt haben, daß die Tür ins Schloß gefallen und kein Griff an der Innenseite zu finden war. Die Fenster waren hoch und über die glatten Wände unerreichbar. Sie hatte sich selbst eingesperrt. Sie wird geschrien und die Glocken geläutet haben, solange sie noch Kraft hatte. Aber auch die Kraft einer Sennerin hat ihre Grenzen und erschöpfte sich.

Im Frühjahr, als der Schnee geschmolzen war, das erste Grün rings um die Kapelle zu sprießen begann, die Luft schon die Vorahnung der Frühlingswürze in sich aufgenommen hatte, fand man sie tot in der Kapelle. Erfroren und verhungert wie ihr Pferd, auf dessen Hals sie, als es zu Ende ging, ihr Haupt gelegt hatte. Die beiden haben den Tod zuletzt offenbar in resignierter Zweisamkeit hingenommen.

Überall hatte man sie gesucht, nur nicht in »Maria Hilf«.

Just seit dieser Zeit gibt sie als »Weiße Frau« keine Ruhe mehr. Noch immer hat sie kein Einsehen, daß man damals nicht länger nach ihr gesucht und so schnell die Nachforschung aufgegeben hatte. Sie wäre noch lange zu retten gewesen. Denn sie war nicht ohne Vorrat zu Tale geritten.

Seit dieser Zeit schleicht sie als Weiße Frau nachts um das Forsthaus, läutet an der Tür, läßt im Haus Spiegel zerspringen, in denen sie gerade noch gesehen worden war, oder den Haushund plötzlich ohne ersichtlichen Grund erbärmlich jaulen.

Erst seit ein paar Jahren scheint sie beizudrehen und die stille Randale aufzugeben. Ist es, weil sie durch den Zornesausbruch von Sigis mutiger Frau endlich beeindruckt wurde, die, nachdem wieder einmal ein Schrank verrückt, ein Fenster zersprungen war, durchs Forsthaus schrie: »Jetzt, Weiße Frau, nehme ich den Kampf mit dir auf.« Oder hat sie sich doch endlich mit den Bewohnern des Forsthauses ausgesöhnt, weil Sigi und seine Familie nun erwiesenermaßen unschuldig sind an ihrem Unglück? Nichts Genaues weiß man nicht. Deshalb: Vorsicht ist die Mutter der Porzellankiste. Pst! Pst! Sigi hebt den rechten Zeigefinger senkrecht vor seine Lippen. Abends nach neun Uhr spricht niemand mehr im Forsthaus Valepp über die Weiße Frau. Das gehört zum ungeschriebenen Friedensvertrag zwischen Sigi und der Weißen Frau.

Wie dem auch sei, »Maria Hilf« ist noch immer eine schöne barocke Kapelle, von welcher der Blick vom Schinder über das Sonnwendjoch und den Trausnitzberg hinab zur Valepp reicht.

Mit der Glocke von »Maria Hilf« haben wir das neue Jahr eingeläutet, und ihr Geläut war schöner als der Krach aller Silvesterraketen drunten im Tal. An diesem kleinen Glöcklein hat auch die Weiße Frau einst in ihrer Todesnot gezogen. Heute wie damals kommt von der entfernten Bergwand ein leises Echo zurück. Doch diese Antwort der Berge konnte der Weißen Frau auch nicht helfen. So kauert in der Nachbarschaft der lieblichen Idylle Valepp, wie in jeder Idylle, noch immer auch das Grausige und das Groteske.

Das Forsthaus Valepp ist die Mitte einer Wander-Windrose. Nach Westen geht es zum Schinder (1808 m). Nomen est omen. Eine Strecke führt über eine schöne Alm nach oben, die andere, zum Abstieg besser geeignet als zum Aufstieg, über eine Geröllhalde. Und dieser Abstieg rechtfertigt den Namen Schinder. Ohne Rast brauchst du für diese Tour fünf bis sechs Stunden.

Nach Osten empfiehlt sich das Rotwandhaus (1765 m), eine gemütliche Berghütte, auf der Essen und Trinken um so köstlicher sind, je mehr dir die Wanderung Schweiß und

Beschwernis brachte. Für diese Strecke brauchst du hin und zurück sieben Stunden.

Nach Süden, der Valepp folgend, geht es nach der Zwischenstation der Erzherzog-Johann-Klause (814 m) über die Kaiserklamm ins Kaiserhaus (706 m). Für Hin- und Rückweg brauchst du auch sieben Stunden, aber du wärst ein Banause, würdest du nicht sowohl in der Erzherzog-Johann-Klause als auch im Kaiserhaus eine Rast einlegen. Die Rastzeiten mußt du der Marschzeit hinzufügen. Es läßt sich aus diesem Weg ohne Anstrengung eine Zweitageswanderung machen. Auch Franz Josef Strauß und Helmut Kohl sollen in den Tagen ihrer sagenhaften Männerfreundschaft diesen Weg gewandert sein, damals, um die Folgen von Kreuth und andere politische Erdbeben zu verarbeiten. Du siehst, die Strecke eignet sich auch zu therapeutischen Zwecken, zumal die Kaiserklamm scharfe Absturzkanten hat, denen Franz Josef seinerzeit nur auf dem Rücken von Helmut Kohl entgangen sein soll.

Nach Norden geht es zum Spitzingsee, das ist der Weg, den die Ferientouristen nehmen, wenn sie Sigi zu Fuß erreichen wollen. Dafür brauchen sie eineinviertel Stunden, und für schwache Gemüter bietet auf dieser Kurzstrecke zwischendurch noch das Blecksteinhaus eine Einladung zur Einkehr.

Übrigens, nicht weit von Sigis Forsthaus entfernt, oben auf der Ochsenalm, lebt die Franziska Friedel, ehrenhafte Forstbeamtenwitwe. Seit dem Tod ihres Mannes vor über zwanzig Jahren haust sie dort mutterseelenallein, inzwischen im 80. Lebensjahr. Das Forstamt bringt ihr Jahr für Jahr pünktlich das Brennholz für den Winter. Und noch vor wenigen Jahren holte sie sich das, was sie zum Leben brauchte, zu Fuß vom Spitzingsee, eine große Tasche in der rechten und eine große Tasche in der linken Hand. Sigis Angebot, sie entweder mitzunehmen oder ihre Lebensmittel mitzubringen, lehnte sie stolz ab. Inzwischen hat sie den

Stolz abgelegt und fährt einmal in der Woche mit Sigi stumm in die Stadt. Und als Gegenleistung strickt sie für Sigi Socken. Denn außer dem Radio in der Hütte und dem Stricken von Socken kennt sie keine Abwechslung. Sigi hat inzwischen so viel Strümpfe, daß er sie täglich drei Mal wechseln könnte.

Trotzdem ist mit der Arbeitsteilung beiden, vor allem Franziska, geholfen.

Nach einer anstrengenden Radtour über den hügeligen Nordteil der Insel Mallorca fanden wir Unterschlupf in einer kleinen Hafenkneipe von Porto Pollensa. Unsere Müdigkeit kompensierten wir durch Übermut. Ich gebe zu, wir benahmen uns nicht wie wohlerzogene Gäste. Ein Teil der Familie randalierte, vornehmlich der weibliche der Nachkommenschaft. Christian dagegen randalierte auf seine Weise. Zeitweise schlief er demonstrativ auf dem Boden unter dem Tisch.

Doch die Stunde der Wahrheit rückte näher: Wir mußten zahlen. Marita, meine Frau, zückte die Kreditkarte, der Wirt entschwand mit dem Zahlungsmittel im Hinterzimmer und kam nach einigen Minuten erschrocken und voller Bedauern zurück. Die Kreditkarte war im dafür vorgesehenen Apparat geknickt und für den Geldtransfer also fortan nicht mehr geeignet. Was tun? Wir hatten kein Bargeld. Also versprachen wir, das Geld nachzuliefern.

Aber das Versprechen genügte den Gläubigern nicht. Offenbar mißtraute der Wirt, durch unser Aussehen und Verhalten argwöhnisch geworden, dem Versprechen und verlangte Sicherheit. Er schlug vor, als Pfand einen Paß von uns zu behalten.

Doch wir hatten auch keinen Paß dabei. »Ein Unglück kommt selten allein«, dachte ich still. Aber wie von Gottes Hand geführt, entdeckte ich mitten in der Diskussion über unsere Kreditwürdigkeit in meiner hinteren Hosentasche den schon etwas verknitterten roten Ministerpaß. Ich reichte ihn triumphierend dem Wirt. Er nahm ihn entgegen und schaute mich voller Verachtung an, zweifellos überzeugt, daß dies ein Trick sei und er mich durchschaut habe. Mit einem überlegenen Lächeln verschwand er wieder in der Hinterstube und ward lange Zeit nicht mehr gesehen. Die Polizei wurde gerufen. Ich sah uns alle schon in Handschellen. Aber die Polizei kam, die Polizei ging. Keine weiteren Vorkommnisse oder gar Ermittlungen.

Christian schlug vor, das gastliche Haus zu verlassen; soviel Mißtrauen sei für die Familie Blüm unzumutbar. Schließlich habe jede

bürgerliche Familie ein Mindestquantum von Familienehre. Ich entschied gegen Ehre und für Ehrlichkeit: »Wir bleiben, basta!«
Nach einer Stunde und mehreren Telephongesprächen hatte der Wirt sich schließlich doch entschlossen, den Ministerpaß als Pfand anzunehmen. Was das Wunder seines Gesinnungswandels bewirkt hatte, weiß ich bis heute nicht.
Und so verließen wir erleichtert den gastlichen Ort, an dem wir als Betrüger oder Hochstapler verdächtigt worden waren.
Wenige Tage später bekam der Wirt sein Geld und ich meinen lebensrettenden Ministerpaß wieder zurück. Schließlich kann man ohne Ministerpaß nicht Minister sein.

Eine Liebeserklärung ans Frankenland

Ich gestehe, daß Franken, ob Ober-, Mittel- oder Unterfranken, lange Zeit nicht zu meinen Wanderzielen gehörte. Ich leiste Abbitte. Das Frankenland ist ein wunderschönes Land mit vielen kleinen und großen Kostbarkeiten. Zu seinen schönsten gehören die Kirchen, von denen fast jeder Ort ein Kleinod besitzt. Es sind nicht nur die großen, weltweit bekannten Kirchen wie Kloster Banz oder die Wallfahrtskirche Vierzehnheiligen oder die Schlösser wie Pommersfeld und Würzburg, die dem Land Ehre machen. Auch seine Wirtshäuser dürfen nicht übersehen werden, sie sind von deftiger Gemütlichkeit. Ja, Kirchen und Wirtshäuser, das ist mein Zentimetermaß, mit dem ich die Kultur einer Landschaft messe.

Denn Himmel und Erde gehören zusammen. Ohne Himmel keine Erde und ohne Erde kein Himmel. Kirchen und Wirtshäuser sind aufeinander angewiesen. In Rom hat mich seit eh und je weniger die Antike fasziniert, sondern mehr die Nachbarschaft von Kirche und Kneipe. Es ist merkwürdig: Wo keine schönen Kirchen sind, habe ich auch nirgendwo gute Wirtshäuser entdeckt. Finnland, mein Lieblingsland, hat weder schöne Kirchen noch schöne Wirtshäuser. Es ist ein Naturland. Großartig und außergewöhnlich. Das ist es aber auch schon, sonst nichts. Das Frankenland dagegen hat beides: Natur und Kultur.

Ich gebe zu, ich habe das Frankenland nicht ganz freiwillig besucht. Mein Schwiegersohn in spe wurde in der Osternacht in Bayreuth getauft. Also versammelte sich am Gründonnerstag in Bayreuth die Familie. Wir lebten vier Tage in der Studentenbude wie zu Jugendherbergszeiten. Und jeden Tag gab es eine andere Speisekarte für die Wanderung.

Wandern à la carte: Am Karfreitag war Mainfranken an der Reihe. Die Wanderrunde um Vierzehnheiligen, Staffelberg und Kloster Banz, die Barock-Perlen an der Wanderschnur eines Tages. Wo gibt's das noch!

Karsamstag hieß das Tagesprogramm Fichtelgebirge: Von der Luisenburg zur Kösseine und im Bogen zurück. Das Fichtelgebirge ist wie die Enklave einer besonderen Mittelgebirgslandschaft.

Am Ostersonntag war die Fränkische Schweiz an der Reihe: Von Scheßlitz über die Giechburg zum Gügel und über Ludwag zurück. Diese Wanderung stand stellvertretend für die Fränkische Schweiz. Wieviel »Schweizen« braucht das Land? Immer wenn es schön wird, idyllisch und auch nur ein bißchen hüglig, fügen die Leute einer Landschaft das Wort Schweiz hinzu. Mindestens fünf davon kennt man in Deutschland. Fontane spottete heiter-gelassen über die deutsche Schweizerei: »Die Schweizer werden immer kleiner.«

Am Ostermontag stand das Armenhaus des Frankenlandes, der Steigerwald, auf dem Speiseplan unserer Wanderhungrigen. Es war als Nachtisch gedacht. Aber es wurde eine richtige Hauptmahlzeit. Wäre eine Steigerung möglich, der Steigerwald wäre zu Recht eine Krönung unserer Wandertour.

Man kommt eben erst nach ein paar Tagen in Form, um, von den Wandermühen unbeeindruckt, die kleinen Überraschungen am Wegesrand zu bemerken.

An allen vier Tagen begleitete Regen und stellenweise sogar Schnee unsere Tippeltour. Am zweiten Tag wehrten wir uns gegen diese unzulässige Beeinträchtigung unserer Wanderfreude durch die Anschaffung von Regenumhängen. Denn was nützt der schönste wasserdichte Anorak, wenn dir die Hosen spätestens nach zwei Stunden an den Oberschenkeln und Waden kleben? Mit Regenumhang immunisiert man sich gegen jedwede witterungsbedingte Störung und schafft sich ein bewegliches Zelt, dessen mittlere Zeltstange man selber ist.

Bayreuth war unser Stützpunkt und täglicher Rückzug nach beschwerlichem Wandern. Ich bekenne mich zu einem stillen Vorurteil gegen Bayreuth, denn ich habe nie viel von Wagner gehalten. Zuviel Wotan, zuviel Lohengrin, Rheingold etc., zuviel germanisches Brimborium. Aber was kann Wagner dafür, daß ich ihn nicht leiden kann? Parzival und Hans Sachs sind schließlich doch auch liebenswerte Wagnersche Figuren, selbst für mich. Und was überhaupt kann Bayreuth für Wagner? Es besteht schließlich nicht nur aus dem »Hügel«. Franz Liszt fand hier sein Grab, und auch Jean Paul, mein Lieblingsschriftsteller, der – wie er sagte – in seinen Lesern immer »den überirdischen Engel des inneren Lebens« erwecken wollte, lebte hier von 1804 bis zu seinem Tode 1825. Die Hauptstadt des Regierungsbezirks Oberfranken hat nicht nur ein Festspielhaus, sondern eine hervorragende Universität. Meine Tochter Annette studiert hier, und die strenge Disziplin des Bayreuther Studiums bereitet ihr Streß und Freude zugleich. Wahrscheinlich hat sie mehr Gewinn davon, als würde sie auf einer der vielen Massenuniversitäten herumlungern. Also kein böses Wort mehr über Bayreuth!

Vorgeschichte für den Hinterkopf der Wanderer

Bevor wir die Speisefolge der Wanderung in ihre einzelnen Gänge aufteilen, ein Wort zum Frankenland als Ganzes: Das Frankenland ist altes römisches Gebiet. Mit dem Limes befestigten die Römer ihre römische Provinz Rätien. Die germanischen Stämme berannten das römische Bollwerk im 3. Jahrhundert. Irgendwann schafften sie es schließlich: Die Römer und der Limes gaben nach. Die germanischen Stämme drangen ins römische Gebiet ein – und wurden zivilisiert. Erst waren es die Hermunduren, Chatten und Markomannen. Dann kamen die Franken.

Die Franken, ein Gemisch von germanischen Kleinstämmen aus dem Rhein- und Wesergebiet, wurden auf diese Weise der führende Volksstamm Mitteleuropas.

Das Gebiet wurde mit einem dichten Netz von Königshöfen überzogen. 741 wurde das Bistum Würzburg gegründet, rund dreihundert Jahre nachdem der Merowingerkönig Chlodwig zum Christentum übergetreten war und die Taufe erhalten hatte. Die mächtigen Reichsbistümer Würzburg, Eichstätt und Bamberg wurden kraftvolle Stützen des Kaisers, und als es schließlich im Investiturstreit zur großen Machtprobe zwischen geistlicher und weltlicher Macht kam, hielten die fränkischen Bistümer zum weltlichen Schwert. Die selbstbewußten Reichsstädte wie Nürnberg, Rothenburg, Schweinfurt unterstützten diese frühe Emanzipation der Welt von der Kirche und waren somit Baumeister jenes mittelalterlichen Dualismus zwischen Staat und Kirche, in dessen Gewaltenteilung die frühe Vorform europäischen Freiheitsverständnisses lag, das uns vor dem im Osten zur Herrschaft gelangten Cäsaropapismus bewahrte. In dessen Zentralismus gab es für Untertanen jedweden Ranges kein Entweichen.

Im europäischen Abendland dagegen konnten sich die Mißliebigen jedweder Couleur in Not und Verfolgung noch immer unter das schützende Schwert der konkurrierenden Macht flüchten: Vor der Kirche unter den Schutz der weltlichen Herrschaft. Und umgekehrt: Von der weltlichen Herrschaft bedrängt unter die Obhut der Kirche. Machtteilung ist die mächtigste Stütze der Freiheit. Das ist unser abendländisches Herrschaftsverständnis, und die Franken haben dieses Erbe mitgeprägt.

Später haben die schwäbischen Zollern, die zunächst nur ärmliche Burggrafen in Nürnberg waren, durch Heirat und andere Nachhilfe sogar die Mark Brandenburg übernommen (1415), aus der schließlich die Preußen hervorgingen. Es gibt mehr als eine Sache unter der Sonne, die vom Frankenland ihren Ausgang nahm.

In der Reformation traten die aufgeklärte Bürgerschaft der Reichsstädte und die Markgrafen mit ihren Untertanen zum neuen Glauben über. Aber der Übergang vollzog sich fränkisch-tolerant. Zur Bilderstürmerei waren die Franken nicht fähig. Deshalb sind auch heute noch protestantische Kirchen im Frankenland katholisch-bildreich. In der anschließenden Gegenreformation prunkten und protzten die absolutistischen Fürsten der katholischen Gegenden mit prachtvollen Barockbauten in Banz, Pommersfelden, Würzburg und Bamberg. Ihre Gegenoffensive war nicht wortreich, auch weniger theologisch, sondern einfach visuell. Die großen Baumeister Balthasar Neumann, Leonhard Dientzenhofer, die großen Bildhauer und Maler des Mittelalters: Tilman Riemenschneider, Veit Stoß, Matthias Grünewald schufen im Frankenland ihre großen europäischen Kunstwerke.

Auch Ulrich von Hutten ist eine herausragende fränkische Gestalt: In der Zeit größter Bedrängnisse und religiöser Zerwürfnisse ruft er aus: »Es ist eine Lust zu leben.« Dabei fand er die Quelle, die ihn zu solcher Lebensfreude befähigte, nicht in irgendeinem vorgegebenen Ordnungssystem, sondern nur in sich selbst. »Nehmt mich nicht als ein aufgeschlagenes Buch. Ich bin ein Mensch in seinem Widerspruch!« Das ist Ratschlag und Selbstbekenntnis einer zerrissenen, modernen Subjektivität. Lebensbejahung in allen Widersprüchen – vielleicht ist das das Geheimnis des fränkischen Charakters. Wendigkeit und Witz der Franken haben sogar dazu verleitet, daß man mit einem gewissen ironischen Respekt vom »gewürfelten Franken« spricht.

Je tiefer ich mich ins Frankenland und seine Geschichte eingrabe, um so mehr entdecke ich, daß die kleine Magd Franken eigentlich eine Königstochter unter den deutschen Landschaften ist.

Thüringen, Schwaben, die Pfalz, Franken, Hessen, Sachsen, Westfalen, Rheinland, Brandenburg, Mecklenburg, Vorpommern, Schleswig, Holstein, Bayern, Baden, Württemberg – der ganze Reichtum deutscher Kultur schwingt in diesen Landschaftsbezeichnungen mit. Deutschland war nie ein zentralistischer Staat, das hat einerseits seine politische Schwäche ausgemacht, andererseits zeigt der bunte Flickenteppich von Landschaften und Herrschaften, Residenzen und Reichsstädten die ganze Fülle des kulturellen Reichtums.

Anders als Frankreich mit Paris besaß Deutschland nie eine dominierende nationale Hauptstadt. Wir brauchen sie auch in Zukunft nicht. Nation eignet sich nur noch als Scharnierbegriff zwischen europäischer Integration und regionaler Verankerung. Deutschlands Föderalismus ist europäisch-progressiv.

Erster Wandertag

Unsere Karfreitagswanderung begann an der Wallfahrtskirche »Vierzehnheiligen«. Die vierzehn Heiligen sind tief in der Volksfrömmigkeit verwurzelt. Um den Menschen in all ihren Nöten Beistand zu leisten, ist mehr als ein Heiliger gefragt. Die Zahl vierzehn ist dabei nicht zufällig. Die Verdoppelung der Heiligenzahl 7 ergibt, wie wir seit Adam Riese wissen, 14. Eines der lieblichsten Kinderlieder stellt vierzehn Engel an die Seite des Kinderbettes. »Abends wenn ich schlafen gehe, vierzehn Engel mit mir gehen«, beginnt es.

Vierzehn Heilige sind es, die seit dem Mittelalter in Not

zu Hilfe gerufen wurden: Christophorus, Georg, Erasmus, Blasius, Dionysius, Cyriakus, Pantaleon, Achatius, Eustachius, Vitus, Ägidius, Barbara, Margaretha und Katharina sind ihre Namen. Jeder dieser vierzehn Heiligen hat neben der allgemeinen Nothilfe noch eine eigene Befähigung zur speziellen Hilfe: Blasius etwa ist für Hilfe bei Halsweh, eine andere Heilige, nämlich Barbara, ist für Bergleute zuständig. Einen besonderen Ort ihrer Verehrung fanden sie gemeinsam dort, wo heute die Wallfahrtskirche von Vierzehnheiligen steht.

Die Legende berichtet von einem Schäfer, der im Sommer des Jahres 1455 auf einem Acker des Hofes Frankental die Schafe des nahen Klosters Langheim hütete und plötzlich vor sich ein kleines weinendes Kind auf dem blanken Boden sitzen sah. Doch bevor er es aufnehmen konnte, war es verschwunden. Tage später wiederholte sich das Ereignis. Diesmal war das Kind von zwei brennenden Kerzen umrahmt. Beim dritten Mal erschien das Kind mit einem blutroten Kreuz auf der Brust und von vierzehn kleinen Kindern umgeben, und allesamt waren sie in Weiß und Rot gekleidet, und sie gaben dem Schäfer Hermann Leicht den Auftrag: »Wir seyn die viertzehn nothelffer und wöllen ein Cappellen haben auch gnediglich hie rasten und biß unser diener so wöllen wir dein diener wieder seyn.«

Und wenige Tage danach, es sollen genau vierzehn Tage gewesen sein, wird eine todkranke Magd nach Anruf der vierzehn Nothelfer über Nacht geheilt. Die Nachricht verbreitet sich in Windeseile in wundersüchtiger Zeit, im von Not heimgesuchten Land, und schnell wird der Ort zu einem bevorzugten Platz, auf dem in der Not gebetet wird. Von der Heilung von Mensch und Tier wird fortan immer wieder berichtet. Ein Text aus einem aus Nürnberg stammenden Mirakelbuch von 1519 bezeugt die Hilfsbereitschaft der vierzehn Nothelfer: »Ein Fraw aus Scherneck hat hergebracht ein Kind das war in die Itz gefallen und ertrunken floß zwolff gärten weit und sie gelobet das Kind her gen Frankenthal mit einem Opfer da ward es lebendig.«

Eine Kirche entsteht später am geheiligten Platz. Leider zerstören die aufrührerischen Bauern in der Zeit der Bauernkriege 1525 auch diese heilige Stätte. Doch schon achtzehn Jahre später steht die zweite Kirche der Nothelfer. So leicht lassen sich eben die frommen Franken von ihrer Zuflucht zu den vierzehn Nothelfern nicht abbringen. Sie bleiben auch fortan »Freunde in der Not«.

Dem baufreudigen Zeitalter des Barock konnte diese zweite Kirche jedoch nicht genügen. 1735 setzen die Planungen für eine größere Kirche ein. Es muß ein intrigenreicher Kampf zwischen dem Abt des Langheimer Klosters und dem Bamberger Bischof gewesen sein, bevor entschieden wurde, wer die Kirche denn bauen sollte. Als einheimischer Kirchenbaumeister wurde Johann Michael Jakob Küchel bestimmt, Ingenieurleutnant des Bamberger Fürstbischofs. Aber auch dessen Entwurf kam nicht zur Ausführung.

1743 wurde schließlich ein Mann namens Krohne dazu bestimmt, nach den Plänen von Balthasar Neumann die Kirche zu bauen. Aber der ehrgeizige Weimarer Baumeister Krohne hielt sich nicht an die Pläne des damals schon in deutschen Landen berühmten Balthasar Neumann. Neumann muß sehr überrascht gewesen sein, als er die eigenwillige Realisierung seines Plans durch Krohne auf einer Inspektionsreise kennenlernte. Krohne mußte gehen. Balthasar Neumann machte aus der Not eine Tugend und baute nach seinem Willen weiter, was ihn zu eigenwilligen Kompromissen zwischen vorhandenen Bauten und seinen Vorstellungen von der Kirche zwang. Auch Neumann war Ingenieur und Artillerieobrist. Wie die Artilleriekugeln sich scheinbar wenig um die Schwerkraft der Erdanziehung kümmern, so schuf er eine Kirche, die sich über alle Erdenschwere erhob. Man vergißt in Vierzehnheiligen den

Stein als Baumaterial und vermutet eher, daß hier Musik sichtbare Form angenommen hat.

Aus einem fehlerhaften Anfang schuf Neumann das genialste Bauwerk des Rokoko, ein Ineinanderfluten von Kurven, Ovalen und aufgelösten Wänden. Die Materie hat sich in Geist aufgelöst. »Gottes Lächeln über'm Main« hat Friedrich Deml die Vierzehnheiligen genannt.

Daß Kunst auch damals keine provinzielle Angelegenheit war, zeigt sich, wenn man die Liste der Handwerker und Meister durchgeht, die am Bau beteiligt waren: Die einheimischen Maurermeister aus Staffelstein, Thomas Nistler und seine Verwandten Kasper und Sebastian Weber, der Nürnberger Steinbildhauer Johann Christoph Berg arbeiten am gleichen Bauwerk wie der italienische Malermeister Giuseppe Appiani aus Mailand; Martin Speer aus Regensburg, der Zimmermeister Johann Caspar Haass aus Höchstadt an der Eich und viele weitgereiste Stukkateure waren an der Entstehung von »Vierzehnheiligen« beteiligt. Es muß eine richtige multikulturelle Baukommune gewesen sein, die sich miteinander und nacheinander an das »fränkische« Bauwerk wagte.

Oft werden Gläubige dort gebetet haben: »Vor Blitz und Ungewitter bewahre uns, oh Herr.« Aber einmal scheinen die vierzehn Nothelfer diesen Ruf überhört zu haben. Am 3. März 1835 schlug der Blitz ein. Beide Türme standen in Flammen. Das Feuer fraß die Orgel, das stürzende Turmkreuz durchschlug das Seitenschiffgewölbe und beschädigte noch einen Altar, in der Hitze schmolz sogar das Metall der Glocken.

Aber das Frankenland und seine gläubigen Beter ließen die vierzehn Heiligen nicht im Stich, und wenige Jahre später ist »Vierzehnheiligen« wiederauferstanden. Der neue Glanz der Kirche war von den vom Mund abgesparten Groschen der Wallfahrer finanziert.

So wird heute wieder, wie vor vielen Generationen, in

»Vierzehnheiligen« zur Laudes der Hymnus auf die vierzehn Heiligen gesungen:

Ins Maintal grüßt hernieder
ein leuchtend' Heiligtum,
den vierzehn heil'gen Zeugen
erbaut zu Preis und Ruhm.
Sie, die dem Leibe Christi
verbunden durch ihr Leid,
erglänzen nun als Sieger
mit ihm in Herrlichkeit.
Im Paradies der Freude
bei dem dreiheil'gen Gott
erbitte ihre Stimme
uns Hilfe in der Not.
Wer in Gefahr sich ängstigt,
vertrau sich ihnen an
und glaube, daß er Helfer
in Sorgen finden kann.
Im wunderbaren Leibe
ist keiner ganz allein,
der Heiligen Gemeinde
wird Trost und Halt ihm sein.
So zieht zum Heiligtume
der Franken mit Gebet!
Ihr heil'gen Himmelsbrüder,
uns Ziel und Sieg erfleht!
Lobpreis dem einen Gotte,
dem Vater, Sohn und Geist,
der uns durch seine Zeugen
den Weg des Lebens weist.

Die Kirche bietet an unserem Wandertag keine Gelegenheit für eine ruhige Betrachtung, denn der Karfreitag-Beichtbetrieb ist in vollem Gange, und wer will die vielen büßenden und beichtenden Gläubigen schließlich durch sein Gaffen stören.

Also ziehen wir weiter.

Die vierzehn Heiligen meinen es an diesem Tag mit uns nicht gut. Der Sturm pfeift über die Höhen des Scheffelfelsen, über den wir steigen. Klatschnaß sind wir, als wir zur Mittagszeit in Staffelstein einrücken und uns im Gasthaus »Adam Riese« einfinden, gegenüber einem der schönsten Rathäuser, einem Fachwerkbau aus dem Jahre 1687. Im Haus des Gastwirts soll Adam Riese 1492 geboren sein. Selbst unsere Erstkläßler folgen noch seinen Rechenkünsten. Aber auch die höhere Mathematik empfing vom Staffelsteiner Adam Riese beachtliche Anstöße. Seine großen Lehrbücher waren das Rezept für ganze Mathematikergenerationen: »Rechnung auff der Linihen« (Erfurt 1518), »Rechnung nach der Lenge auff der Linihen und Feder« (dat. 1550), »Ein gerechnet Büchlein auff den Schöffel, Eimer und Pfundtgewicht« (Leipzig 1533).

Adam Riese ebnete dem arithmetischen Rechnen mit arabischen Zahlenreihen den Weg. Es ist die Zahl Null, die er den Arabern klaute. Die Römer kannten keine mathematische Leerstelle. Ohne »Erfindung« der Null könnte heute noch kein Computer rechnen. Die Null als Zeichen zu benennen kam dem Versuch gleich, das pure Nichts zur Sprache zu bringen.

Riese führte ferner das moderne Wurzelrechnen ein. Bis dahin hatten es die Mathematiker durch ein Viereck symbolisiert, dem Riese rechts oben einen Haken hinzufügte. Das ist bis heute das Zeichen für Wurzelrechnen.

Albrecht Dürer, der Franke, experimentierte mit perspektivischem Zeichnen auf der Grundlage der geometrischen Konstruktion von Adam Riese, und Gerhard Mercator begann dank seiner Kenntnisse von Rieses Geometrie, sich 1554 mit Landkartenprojektionen zu befassen.

Noch heute wird die Richtigkeit einer Rechnung vom

Volksmund mit dem Satz bekräftigt: »Nach Adam Riese.« Das ist nichts anderes als ein mathematisches »Basta« oder in der Übersetzung: »So stimmt's.« Gibt es ein größeres Kompliment für einen Rechner? Mir hat man Gleiches nie zugetraut. Mein Mathematiklehrer verwechselte mich nie mit Adam Riese.

Adam Riese – in welch aufregender Zeit hat er gelebt. 1559 starb er in Annaberg in Schlesien. 67 Jahre ist er alt geworden. Wenig später nach Rieses Tod kam Galileo Galilei zur Welt. (1564). 1492, im Geburtsjahr von Riese, entdeckte Kolumbus Amerika. 1517 schlug Martin Luther seine 95 Thesen gegen den Ablaß an die Wittenberger Schloßkirche, die das Abendland so revolutionierten, wie Kopernikus die Astronomie auf den Kopf gestellt hatte. Kopernikus (1473 – 1543) war Zeitgenosse von Adam Riese.

Am 7. August 1495 verkündet der deutsche Kaiser Maximilian I. auf dem Reichstag zu Worms den »Ewigen Reichslandfrieden«. Ein schöner Traum. Dennoch ein schwerer Schlag gegen das alte Fehderecht und ein Vorbote des neuzeitlichen Rechtsstaates, in dem das Recht an die Stelle der Gewalt trat. Auf das Recht waren die Schwachen angewiesen. Den Starken genügte schon im Neandertal die Keule.

1505 läßt sich Ritter Götz von Berlichingen von einem Dorfschmied eine 1,5 Kilo schwere Eisenhand als Prothese anfertigen, die an die Stelle seiner 1504 vor Landshut abgeschossenen Hand trat. Ein frühes Zeugnis erfolgreicher Prothesenkunst. Sie war eine technische Meisterleistung. Mit Hilfe eines ausgeklügelten Systems von Federn konnte der Ritter allein durch einen Knopfdruck die Finger seiner künstlichen Ersatzhand krümmen. Da bildet sich Spielberg mit seinem Dinosaurierfilm soviel auf technische Tricks ein. Götz von Berlichingen war fast genauso weit.

Schiller hat dem wackeren Ritter in einem Drama ein Denkmal gesetzt, aus dem einer der beliebten Sprüche des deutschen Volkes stammt: »Wo viel Licht ist, ist auch viel Schatten.« Es soll auch ein anderer Kraftspruch aus diesem Schauspiel stammen. Leider kenne ich ihn nicht, obwohl mich manchmal in Bonn die dazugehörige Stimmung überfällt.

Die Zeit des Adam Riese war von auffallender Liberalität geprägt. Das gemeinsame Baden beider Geschlechter war allgemeiner Brauch, der durch Essen und Trinken in den Schwitzbädern um einen heute unbekannten Reiz erhöht wurde.

In Deutschland lebten zu Rieses Zeit rund zehn Millionen Einwohner, genaue Angaben fehlen uns, da Deutschland damals eines statistischen Bundesamtes ermangelte.

1510 übernimmt Jakob Fugger die Leitung des Augsburger Handelshauses und zeigt dem Handel, was später Rothschild den Banken klarmachte: »Auf den Chef kommt es an.« Fugger wurde mächtig. Mit Hilfe eines Darlehens in Höhe von 540000 Gulden finanzierte er die Wahl von Karl V. zum König und erinnert später den säumigen Schuldner Karl daran, daß »Eure Kaiserliche Majestät die römische Krone ohne meine Hilfe nicht hätte erlangen können«. Wahlspender beliebten schon damals ziemlich unverfroren aufzutrumpfen. Die CSU konnte unlängst ein Lied davon singen und mag sich mit Karl V. trösten.

1516 schloß Franz von Taxis mit Kaiser Maximilian einen Vertrag über die Poststrecke zwischen Brüssel, Verona, Rom und Neapel. Taxis wird für seine Verdienste um geordnete Information und Kommunikation, die bis dahin auf die Zufälligkeiten von Reisenden und auf das fahrende Volk angewiesen waren, in den ritterlichen Reichsadel erhoben. Deshalb darf sich unsere Gloria heute noch »von« nennen.

Der Eulenspiegel erscheint 1512 als Volksbuch. Es macht allen Mut, die ohne Berufsausbildung auch heute noch was werden wollen.

1523 veröffentlicht Hans Sachs sein Gedicht »Die wittenbergische Nachtigall« und macht mutig für Martin Luther Propaganda. Ja, die Intellektuellen standen schon immer auf seiten der Opposition.

Es ist auch die Zeit des Aufruhrs, in der Riese lebte. Die Bauern unter Thomas Münzer und der fränkische Reichsritter Florian Geyer lehrten dem Establishment das Fürchten. Münzer wird 1525 in Mühlhausen enthauptet. Zuvor hatte er eine Schlacht und 5000 Bauern ihr Leben verloren. Es war die Zeit der ersten Massenaufstände in der Geschichte des Deutschen Reiches. In Münster übernehmen die Wiedertäufer das Regiment und versuchen, was immer versucht worden ist: das »Reich Gottes« auf die Erde zu holen. Später hängen die Wiedertäufer in den Käfigen an den Türmen von Sankt Lamberti. Die inzwischen geleerten Käfige sind noch heute am Turm von St. Lamberti zu besichtigen. Das Reich der Wiedertäufer verfällt 1535.

Tilman Riemenschneider stirbt 1531 in Würzburg und Veit Stoß zwei Jahre später in Nürnberg, die beiden größten Holzschnitzer und Bildhauer, die je in Deutschland zu Hause waren. Tilman Riemenschneider wurden zuvor wegen Beteiligung an aufrührerischen Bewegungen in der Folter beide Arme gebrochen. Ja, zartfühlend war diese Zeit nicht.

1541 stirbt Paracelsus in Salzburg. In Bergen und Wäldern lernte er mehr, als die Schulmedizin in Universitäten zu lehren hatte. Er war ein Bahnbrecher der modernen Naturheilkunde, die mit dem Hokuspokus der alten Medizinzauberer nichts mehr zu tun haben wollte, sondern den Anspruch auf Wissenschaft erhob, um den sie heute noch gegen Krankenkassen und Politik kämpft.

Den Alchimisten riet Paracelsus, genannt mit dem schönen Namen Theophrastus Bombastus von Hohenheim: »Machet nicht Gold, sondern Medizin.« Seinen Nachfahren möchte man heute zurufen: »Machet nicht Geld, sondern Heilung.«

Am Nachmittag erreichen wir Kloster Banz: 1668 nach den Plänen Leonhard Dientzenhofers errichtet, 1719 eingeweiht, erbaut auf dem Boden der alten, auf das Jahr 1070 zurückgehenden Benediktinerabtei gleichen Namens. Es ist die Zeit der Karfreitagsliturgie, und der Pfarrer predigt über das Leiden und Sterben jener drei Lübecker Kapläne und eines protestantischen Pastors, die von Hitlers Volksgerichtshof 1943 zum Tode durchs Schafott verurteilt worden waren: keine alten Nothelfer, sondern vier moderne Märtyrer. Im Abstand von je drei Minuten wurden sie 1944 in Hamburg hingerichtet. Welch ein Zufall: Über diese vier hatte beim ökumenischen Gottesdienst vor dem Hamburger Parteitag der CDU ein alter Pfarrer, der Freund eines der hingerichteten Kapläne, auch gepredigt und mir damals nach dem Gottesdienst die Bibel gezeigt, die seinem zum Tod verurteilten Freund in der Todeszelle Trost gespendet hatte. Dick mit einem spitzen Bleistift ist am Tage des Todesurteils in der schon etwas mitgenommenen Bibel der Text unterstrichen, den der weise Simeon gesprochen hatte, als er das Kind Jesu am Tempel von Jerusalem in die Arme genommen hatte.

»Nun läßt du, Herr, deinen Knecht,
wie du gesagt hast, in Frieden scheiden.
Denn meine Augen haben das Heil gesehen,
das du vor allen Völkern bereitet hast,
ein Licht, das die Heiden erleuchtet,
und Herrlichkeit für dein Volk Israel.«

Gibt es ein schöneres Gebet im Angesicht des Todes?

Er sei in den Tod hineingewachsen, hatte der Hamburger Pfarrer von seinem Freund berichtet. Und die Karfreitagspredigt in Banz klingt wie ein Echo auf die Predigt in Hamburg.

Banz ist ein Gegenstück zu »Vierzehnheiligen«. Banz

und Vierzehnheiligen stehen sich auf zwei Hügeln, getrennt durch das Maintal, gegenüber. Banz ist die ältere der beiden Kirchen, ernster, und obwohl kleiner, erscheint sie mir dennoch mächtiger. Sie hat nicht die Fröhlichkeit des Rokoko, sondern mehr die ernste Pracht des Barock. Ich kenne das Kloster Banz von einer gemeinsamen Tagung der Vorstände von CSU und CDU in dem zum Kloster Banz gehörenden Schloß, das heute der Hans-Seidel-Stiftung dient. Banz bietet also ein Wiedersehen. Aber es ist ein Unterschied, eine Kirche als »Vorständler« oder als Wanderer zu betreten.

Spätabends sind wir wieder in Bayreuth, unserem Stützpunkt. Naß, hungrig, erschöpft und doch reich an Eindrücken aus dem Frankenland.

Zweiter Wandertag

Der Karsamstag gehörte zunächst einmal dem Fichtelgebirge.

Kundige, zu denen ich nicht zähle, halten das Fichtelgebirge für eines der ältesten deutschen Mittelgebirge. Angeordnet ist es wie ein Hufeisen, dessen offene Seite ins Böhmische weist. Es könnte auch deshalb Mittelgebirge heißen, weil es im Zentrum Europas liegt. Die Hauptwasserscheide zwischen Nordsee und dem Schwarzen Meer verläuft hier. Ein Stein am Rand der Bundesstraße 303 markiert die Wasserscheide zwischen Nord und Süd. Vier bedeutende Flüsse haben im Fichtelgebirge ihren Ursprung: Der Weiße Main, den der Rhein mit in die Nordsee nimmt, Saale und Eger, die beide mit Hilfe der Elbe die Nordsee erreichen, und die Fichtelnab, welche die Donau als Mitfahrgelegenheit ins Schwarze Meer nutzt.

Das Fichtelgebirge wurde von armen, aber fleißigen Leuten bevölkert. Der Bergbau nahm hier seinen Anfang. Der

Abbau von Silber-, Eisen-, Kupfer- und Zinnerzen war eine Haupteinnahmequelle. Ja, sogar Gold wurde hier gefördert, woran Ortsnamen wie etwa Goldkron erinnern. Ab dem 14. Jahrhundert kam die Glaserzeugung hinzu. Da es außerdem geeignetes Weideland für Schafe gab, hatte hier auch die Textilindustrie ihren bevorzugten Standort. Heute ist es die Porzellanindustrie, die mit Rosenthal und Hutschenreuther hier Platz genommen hat.

Heimattreue wird im Fichtelgebirge hoch geschätzt. Liebevoll besingen die Fichtelgebirgler ihre Heimat: »Kennst du die Berge in Deutschlands Herz, gelagert rings im Kreise, mit grünen Wäldern so reich bedeckt. Die Lüfte säuseln leise: Fichtelgebirge sind sie genannt.«

Wir erreichen, von Bayreuth, unserem Stützpunkt, kommend, unser Ziel Bad Alexandersbad über die auf der Landkarte mit Grün eingezeichnete Straße, vorbei am Ochsenkopf, dem zweithöchsten Berg des Fichtelgebirges (1023 Meter). Grün steht in unserer Landkarte für landschaftlich besonders schöne Straßen. Und das stimmt, obwohl an diesem Tag das Wetter saumäßig war, was uns unterwegs zu der schon erwähnten Anschaffung von Regenumhängen veranlaßte.

Der Kauf in irgendeinem der kleinen Touristenorte entwickelte sich zu einem kleinen Spektakel. Irgendeiner der vielen Touristen lief mir über die Straße nach: »Guck mal, der Nowottny«, was meine Eitelkeit schwer beschädigte. Nichts gegen den angesehenen Intendanten des WDR. Gott sei Dank rief mir dann noch jemand »Drecksack« nach, was meine authentische Identität wieder bestätigte: Damit konnte schließlich nicht Nowottny, sondern nur Blüm gemeint sein. Meine Frau ergriff unerkannterweise freilich meine Partei und fragte den entfernten Rufer nach dem Grund seiner nicht ganz liebevollen Etikettierung. Er entschuldigte sich damit, er habe es nicht so ernst gemeint. Das versöhnt doch wieder.

Unsere Wanderung beginnt an der Freilichtbühne Luisenburg. Sie gilt als das älteste Naturtheater Deutschlands. Inzwischen hat man allerdings der Natur mit Zement nachgeholfen. Schon Ende des 17. Jahrhunderts wurden hier Schauspiele aufgeführt. Das Theater lag, so lange hier Zonenrandgebiet war, am Rande des Besucherstromes. Jetzt kommen wieder Gäste aus Thüringen, Sachsen und dem Egerland. Rechts davon beginnt der schmale Weg ins Felsenlabyrinth. Aber Labyrinthe habe ich in Bonn genug. Also schenkten wir uns diesen Abstecher. Nach vierzig Minuten waren wir auf dem Kaiserfelsen.

Von seiner hölzernen Plattform läßt sich der Waldschaden besichtigen, den die vom Sozialismus ungehemmte Umweltverschmutzung in die Höhe geschleudert und mittels der Ostwinde als Luftfracht über dem Fichtelgebirge wieder ausgekippt hat. Ja, Umweltschäden kennen keine nationalen Grenzen. Schließlich läßt sich der Wind ja nicht in den Wolken durch Schutzwände abhalten. Am Burgsteinfelsen (879 m), etwas später, liegt die Aussichtskanzel auf Felsenplatten, die wie von Riesenhand aufeinandergestapelt scheinen. Johann Wolfgang von Goethe soll auf seiner ersten Reise in das Fichtelgebirge 1785 am Burgsteinfelsen gewesen sein. Der 36jährige scheint gut zu Fuß gewesen zu sein (oder ist er geritten?). Der Gesteinskundler Goethe hat hier Granit und Granitverwitterung studiert, wie wir aus einer Darstellung in seiner Sammlung wissen. Auch die Romantiker Ludwig Tieck und Wilhelm Heinrich Wackenroeder waren Pfingsten 1793 am Burgsteinfelsen. Ostern 1994 war ich hier.

Von dem am Wegesrand stehenden roten Fingerhut, wie ihn unser Wanderführer anpreist, war im April dank des von keinem Führer beeinflußbaren Jahresablaufs noch nichts zu sehen.

Nach zwei Stunden erreichen wir das Kösseinerhaus (939 m), eine zünftige Berghütte, die höchste bewohnte

Stelle des Fichtelgebirges. Von hier aus, so steht im Wanderführer, soll man bei guter Sicht bis zum Arber und Osser im Bayerischen Wald sehen. So weit wie der Wanderführer gucken wir heute nicht.

Die Hütte jagt uns deshalb Schrecken ein, weil sie selbst aus zehn Metern Entfernung, noch vom Treppenabsatz aus, völlig unbewirtschaftet aussieht. So sind die kleinen Wanderkatastrophen beschaffen. Du kannst es nicht erwarten, endlich die Raststätte zu erreichen, die Magensäfte beginnen bereits zu florieren, der Durst, den du lange Zeit mit dem Versprechen beruhigt hast, daß er bald gestillt wird, fühlt sich betrogen, denn die Türen des Hauses, in dem du alle Seligkeiten der Welt erwartest, sind verschlossen. Doch das war diesmal nicht so. Entgegen allem Augenschein gab es im Kösseinerhaus nicht nur gutes fränkisches Landbier, sondern eine im Wanderführer bereits angekündigte gute Linsensuppe. Ich entschied mich gegen den Wanderführer für Fleischkäs mit Sauerkraut. Und um den Namen der Landschaft zu bestätigen, trinke ich dazu Sechsämtertropfen. Denn das Kösseinerhaus liegt im Sechsämterland. So verbindet sich die Liebe zum Alkohol in schönster Weise mit der Nachhilfe für Geographie.

Ins Gästebuch des Kösseinerhauses trägt Marita, meine Frau, wahrheitsgetreu ein:

»Wir aßen Linsen, tranken Bier,
der Nobby und noch weitere vier.
Probierten auch den Leberkäs
und ruhten aus auf dem Gesäß
und trockneten die nasse Pelle.
Wir lobten heiter diese Stelle
mit einem Schluck Sechsämtertropfen,
bald werden wieder an wir klopfen.
Jetzt brechen wir auf im Wanderkostüm:
Familie Marita und Norbert Blüm.«

Spätabends erreichen wir wieder Bayreuth. Vor uns liegt ein neuer Geburtstag meines Schwiegersohns in spe, namens Kai, denn er soll in dieser Nacht in der Schloßkirche Bayreuths getauft werden. Taufe ist schließlich eine Art von Neugeburt.

Kai, in der DDR geboren und aufgewachsen, wird noch im Sommer dieses Jahres meine Tochter Annette ehelichen. Das war in ihren ursprünglichen Heiratsplänen gar nicht vorgesehen. Nach einem Ferienbesuch in der DDR wollten Annette und deren Freundin Iris zwei junge regimekritische Männer heiraten, um sie so aus der DDR herauszuholen. Anschließende Scheidung im Westen war fest eingeplant und verabredet. Iris sollte Kai heiraten, denn mit Klaus-Dieter, so hieß der andere, war sie verwandt. Wer wen heiraten sollte, war in dieser Konstellation sowieso belanglos. Denn die Heirat sollte ja nicht aus Liebe vollzogen werden, sondern als Fluchthilfe gedacht sein.

Heute noch bin ich stolz darauf, diese Pseudotrauung verhindert zu haben. »Annette, mit der Eheschließung spielt man nicht« war mein stereotyper Einwand gewesen. Doch über den innerfamiliären Zank fiel die Mauer und damit der Grund für die Streitereien. Die Liebe konnte sich ab dann ihr wahres Flußbett graben. Und so ist Klaus-Dieter, der einst in der Planung vorgesehene Ehemann, längst aus Annettes Gesichtskreis entschwunden; dafür hat sie Kai fester im Blick als je zuvor.

Heute, also in der Osternacht, will Kai sich taufen lassen. Aber wie es der liebe Gott so einrichtet, war die Taufe diesmal, anders als die damalige Planung zur Eheschließung, kein Vorwand, sondern ein ernsthaftes Vorhaben. Kai zelebrierte mit großer Inbrunst seine Taufe. Selbst die »heidnische« Verwandtschaft aus der ehemaligen DDR war angereist und verfolgte die Handlung mit Staunen und Andacht, was ich Kais Eltern hoch anrechne.

Die Schloßkirche in Bayreuth war bei Beginn der Osterfeier stockfinster, und es begann die uralte Auferstehungsliturgie. Als die Sonne aufging, die Glocken läuteten, die Orgel aus der Stummheit der Kartage wieder erwachte, das Gloria erschallte, wurde Kai getauft und mit ihm ein kleines Baby und eine alte Kroatin.

Das Taufwasser hatte ich aus dem Jordan mitgebracht, aus dem ich es 48 Stunden vorher aus Anlaß einer Dienstreise, nebenher und fast klammheimlich, entnommen hatte. Im Jordan wurde schließlich Jesus getauft.

Dritter Wandertag

Nach dem ausführlichen Frühstück begann unser Osterspaziergang mit der ganzen Taufgesellschaft, die Paten eingeschlossen und mitgenommen. Diesmal war die Fränkische Schweiz dran. Von Scheßlitz führte der Weg zur Giechburg, 530 Meter hoch. Die Ritterburg wurde im 12. Jahrhundert von den Grafen von Andechs-Meranien erbaut. Heute hat sie der Landkreis Bamberg unter Verwaltung. Sie hat eine wechselvolle Geschichte. Die Romantiker nahmen ihr das Dach ab, um sie zu einer von der Romantik so sehr geliebten Ruine herzurichten. So weit kann man es mit der Romantik treiben, manchmal zu weit.

Nach einem deftigen Mittagessen wandern wir zum »Gügel«. Unter diesem Namen verbirgt sich eine in den Fels hineingebaute Kirche zu Ehren des heiligen Pankratius.

Im Innern grüßt eine Gestalt mit Mantel und Krone vom Kreuz. Es ist die »Heilige Kümmernis«, eine kanonisch nicht anerkannte Volksheilige. Sie wollte nicht heiraten, um nur immer Gott treu zu bleiben. Gott ließ ihr zu ihrem Schutz einen Bart wachsen, ihr Vater dagegen ließ sie kreuzigen. Offenbar muß zwischen dem Vater und dem lieben Gott ein eklatantes Mißverständnis bestanden haben.

Über Ludwag erreichen wir am späten Nachmittag wieder unseren Ausgangspunkt, wie das bei Rundwegen üblich ist.

Vierter Wandertag

Am Ostermontag, schon zu einem Viertel auf dem Heimweg, war der Steigerwald dran. Der Boden des Steigerwaldes ist eher dürftig. Ertragreiche Landwirtschaft war offenbar dort zu allen Zeiten nur schwer möglich. Nach dem Spessart ist der Steigerwald das zweitgrößte Laubwaldgebiet Bayerns. Die Leute hier sind nie reich geworden. Auch klimatisch waren sie nicht begünstigt. Der Steigerwald wurde später besiedelt als die fruchtbaren Landschaften ringsum. Er hatte schon zu Frühzeiten offenbar wenig Anziehungskraft für Neusiedler.

Die Zisterzienser haben im Steigerwald erste Kulturarbeit geleistet. Kloster Ebrach ist ein Zeuge für diese Pioniertat. Von Ebrach nimmt unsere Wanderung ihren heutigen Ausgang. Wir verlaufen uns mehrfach. Das Wetter trübt unsere Stimmung. Nach zwei Stunden sind wir in Großbirkach. Die kleine romanische Kirche »St. Johannes der Täufer« gilt als ein Kleinod der romanischen Bauepoche. Aber so ist es: Wenn man schlechte Stimmung hat, geht man – ich gebe es zu – selbst an den größten Kostbarkeiten vorbei und zieht das Dorfgasthaus vor. Auch auf dem Rückweg nach Ebrach verlaufen wir uns wieder mehrfach. Die idyllischen Waldwege erproben unsere Standfestigkeit und Gehfähigkeit auf glitschigem Matsch. Und wo die Traktoren der Waldarbeiter ihre Furchen gezogen haben, strömen Wasserrinnsale gurgelnd in Richtung Tal. Gummistiefel wären jetzt besser als Wanderschuhe. Aber auch die trübe Stimmung hat ihre Reize. Die Wolken sind zum Greifen nah, die Ackerfurchen am Wegesrand gleichen erstarrten Seen, die gleichsam von dunklem Kakao gefüllt und vom Wind gekräuselt plötzlich stehengeblieben sind. Jedes Wetter hat seine eigene Stimmung, und auch trauriges Wetter kann schön sein.

Hast du schon einmal miterlebt, wenn die Sonne ihren Kampf mit einer dumpf und dunkel tiefhängenden Wolkendecke führt? Ihre Strahlen schaffen es nicht, so sehr sie sich auch mühen, die geballte Dunstglocke zu durchbrechen. Dort, wo der Wolkenhimmel etwas heller ist und sich aus einem Kreisrund etwas mehr Licht durchquält, scheint das Hauptkampffeld zwischen Sonne und Wolken zu liegen. Aber nur für einige Zeit, dann schüttet eine vorbeiziehende Schlechtwetterfront auch diese schwache Lichtquelle wieder zu. Und schon wenig später beginnt das Spiel von neuem. Kein Wunder, daß in weniger aufgeklärten Zeiten hinter diesem Wechsel Gotteskämpfe vermutet wurden.

Wehmütig verlassen wir das Frankenland. Auf Wiedersehen!

Über eine im Stau verstopfte Autobahn quälen wir uns zeitweise im Schrittempo nach Hause. Aber wer vier Tage Frankenland und Kultur genossen hat, läßt sich auch durch die Errungenschaften der modernen Zivilisation nicht aus der Bahn werfen.

Ilmenau – Auf Goethes Spuren

Morgens sind wir in Suhl. Das Arbeitsamt hatte gerade die Türen geöffnet, da waren wir da. Schon auf dem Gang berichtet ein Werkzeugmacher von seinen erfolglosen Versuchen, wieder »in Arbeit« zu kommen. »Ja, ja, irgendwann wird es schon besser«, klagt er, »aber für mich 54jährigen wird es dann zu spät sein.« Gegen seine Resignation komme ich schwer an. Die Phrasen von Parteiprogrammen und offiziösen Kommuniqués sind hier schwer an den Mann zu bringen. Ich gebe meine Hilflosigkeit wortreich zu. Der Chef des Arbeitsamtes erzählt anschließend bei Kaffee und belegten Brötchen von seinen Bemühungen, mit Arbeitsbeschaffungsmaßnahmen die Hoffnungslosigkeit zu bekämpfen. Es sind alles nur zweitbeste Lösungen. Arbeit muß her. Aber Wunder gibt es nicht, und zaubern kann ich auch nicht. Etwas deprimiert verlassen wir das Haus; wenn auch um einige praktische Hinweise reicher, wie Fortbildung und Umschulung sinnvoller auf die spätere Verwendung ausgerichtet werden können.

Ohne Widerstandskraft sind die Menschen hier nicht. Sie wollen arbeiten. Hunderte fahren morgens mit dem Bus bis nach Nürnberg und kommen abends wieder heim: vier Stunden Fahrzeit jeden Tag – zwei Stunden hin, zwei Stunden her – nehmen sie auf sich. Andere pendeln die ganze Woche über in den Frankfurter Raum. Da reichen zwei Stunden Fahrzeit für eine Wegstrecke nicht mehr. Väter, Mütter, Söhne und Töchter sind sie nur noch fürs Wochenende.

Ich verbinde die Amtspflichten beim Arbeitsamt in Suhl

mit dem Vergnügen eines Goethe-Verehrers und begebe mich auf die »Wallfahrt« zum Kickelhahn. Eine Stunde nach Suhl sind wir in Ilmenau. Hier beginnen wir eine Wanderung auf Goethes Spuren: von Ilmenau über den Kickelhahn nach Stürzerbach. 18,5 Kilometer Fußmarsch auf dem »Goethe-Wanderweg« stehen uns bevor.

Hier in Ilmenau hat Goethe 220 Tage seines Lebens zugebracht. Zum letzten Mal war er 1831 zur Feier seines 82. Geburtstages in dem kleinen Städtchen. Ilmenau ist eine Goethe-Stadt. Der Minister Goethe war schließlich auch für den Bergbau in Ilmenau zuständig. Der Wegebau gehörte ebenso zu seinem Ressort, also Verkehrsminister war er auch; außerdem war er noch Kriegsminister, Finanzminister, Kultusminister, Jagdbegleiter: für den Herzog war der Geheimrat Goethe offenbar ein gouvernementales Multitalent und nur im Nebenberuf Dichterfürst. Manche trüben Regierungsgeschäfte wurden ihm zugeschoben. »Heut früh haben wir alle Mörder, Diebe und Hehler vorführen lassen und sie alle gefragt und konfrontiert. Ich wollte anfangs nicht mit, denn ich fliehe das Unreine – es ist ein gros Studium der Menschheit und die Phisiognomick, wo man gern die Hand auf den Mund legt und Gott die Ehre giebt, dem allein ist die Krafft und der Verstand pp. in Ewigkeit Amen«, schreibt er von Ilmenau an Charlotte von Stein, die seine Beichtmutter, Erzieherin und Geliebte war. Also Justizminister war er auch.

Hier in Ilmenau und Umgebung hat Goethe seine eifrigsten Naturstudien getrieben. Er war immer auf der Suche nach den Ursprüngen. Er fahndete nach dem Urgesetz, das allen Erscheinungen zugrunde liegt und ihnen Einheit gibt. Der Anfang ist für Goethe kein historischer Zeitpunkt, sondern der alles bestimmende Ursprung. Deshalb war die Mineralogie sein bevorzugtes Expeditionsgebiet in den Bergwerksstollen. »Ich gehe, seit ich mit Bergwercks Sachen zu thun habe, mit ganzer Seele in die Mineralogie.«

Hier in der Ilmenauer Gegend war Goethe immer auf der Pirsch, die Seele der Natur zu erjagen. An Eckermann schreibt er später: »Ilmenau hat mich viel Zeit, Mühe und Geld gekostet, dafür habe ich aber auch etwas dabei gelernt und mir eine Anschauung der Natur erworben, die ich mit keinem Preis umtauschen möchte.«

Für seine großen Werke fand Goethe bei Thüringens Land und Leuten das Anschauungsmaterial. Sein großer Entwicklungsroman »Wilhelm Meister« entnahm dem Leben in dieser Landschaft viele Anregungen zum Detail.

Aber das sind alles Belanglosigkeiten. Hier am Kickelhahn, eine Stunde von Ilmenau entfernt, entstand sein schönstes Gedicht:

Über allen Gipfeln
Ist Ruh,
In allen Wipfeln
Spürest du
Kaum einen Hauch;
Die Vögelein schweigen im Walde.
Warte nur, balde
Ruhest du auch.

Es ist Goethes schönstes Gedicht, und hätte ich eine Goldmedaille für Lyrik zu vergeben: diesem Gedicht würde ich sie zusprechen.

Ich weiß, ich weiß: Gedichte kann man nicht messen und wiegen. Keines kann man mit einem anderen vergleichen; jedes ist einmalig. Deshalb gibt es unter den Poeten weder Sieger noch Verlierer. Dennoch bleibe ich trotzig: »Über allen Gipfeln ist Ruh« erhält meine Goldmedaille.

Goethes »Wandrers Nachtlied« ist eine Beschwörung der Stille, die offenbar nicht von dieser Welt ist. Das Gedicht ist ein Hymnus auf eine den Menschen umschließende Gelassenheit. Der Zauber der Strophen übertrifft alles als Mitteilung Sagbare. Deshalb darf man gar nicht versuchen, es nachzuerzählen. Denn könnte man es, wären seine Verse verzichtbar. Sie sind aber unersetzbar!

Die erste Zeile lenkt den Blick auf die Gipfel der Berge, um dann in der dritten Zeile die Wipfel der Bäume aufzurufen. Das helle »i«, das die Worte »Gipfel« und »Wipfel« in der ersten und dritten Zeile dominiert, wird in der zweiten und vierten Zeile durch das dunkle »u« in »Ruh« und »du« besänftigt. »Ruh« und »du« sind keine arrivierten Worte. Sie sind im alltäglichen Sprachgebrauch ohne jede mystische Doppeldeutigkeit zu Hause. In Goethes Gedicht jedoch verwandeln sie sich in Zauberworte: Kein abstraktes Wort befindet sich in dem Gedicht. Nicht der Mensch, schon gar nicht die Menschheit fügt sich in die »Ruh« der Natur, sondern ein »du«.

Alles scheint stillgelegt: Selbst der Wind, der über den Wipfeln und Gipfeln scheinbar immer zu finden ist, hat sich in Hauch verwandelt. Natur und du haben sich in einer mythischen Ruhe vereinigt, die nicht vorgestellt, erträumt oder ersehnt wird, sondern einfach da ist. Das Dasein hat sich mit der Ruhe vereint.

Auch die Vögelein im Walde, seit eh und je das Symbol einer fröhlichen Aufgeregtheit, sind in das Schweigen eingetaucht.

In den nur acht Zeilen des Gedichtes sind Berge und Bäume, Wind und Wald, Tier und Mensch wie in einer kleinen Symphonie versammelt. Das Ganze ist eben doch mehr als die Summe seiner Teile.

Die Sätze, die der Natur gelten, sind mit denen, die den Menschen betreffen, im Reim verknüpft. Natur und Mensch stehen sich in Goethes Gedicht nicht mehr gegenüber. Sie sind in einer Symbiose vereint.

Wie wenig die Verse eine Landschaftsbeschreibung sind, läßt die letzte Zeile mit der Verheißung aufscheinen »Ruhest du auch«. Die Ruhe, die versprochen wird, ist keine Totenstille, sondern von der Beschaffenheit eines zarten Hauches. Es ist kein Glaubensgeheimnis, keine Glaubensbotschaft in der letzten Zeile enthalten, sondern eine geradezu metaphysische Gewißheit, daß Ruhe die Erfüllung des ewigen Augenblicks ist.

Das Gedicht bleibt in einer verletzbaren Balance, weil jenseits seiner Zeilen jederzeit der Sturm um Wipfel und Gipfel ausbrechen kann und die lauten Töne der Natur ahnbar bleiben. Die Vöglein können eben jederzeit wieder zu zwitschern beginnen. Und so ist die Ruhe, auf welche »du« wartest, auch kein erstarrter Zustand, sondern gleichsam die Ruhe im ewigen Lebenskreislauf. Goethes Zuversicht an ein ewig im Wandel dauerndes Leben ist die Hintergrundmelodie dieses Gedichtes.

Goethes Naturbegriff hat nicht immer diese Höhe eines pantheistischen Ein und Alles festgehalten und erst später wieder, dann aber durch klassisches Maß gebändigt, in seiner Alterslyrik ihren Höhepunkt gefunden. Noch im vier Jahre zuvor entstandenen Gedicht »Wandrers Nachtlied« spricht eine zerrissen-gequälte Seele von ihrer Sehnsucht nach allesumfassendem Frieden. Und dieser »süße Frieden« ist Bitte und nicht Zustand.

Im Gedicht »Der du von dem Himmel bist« kommt eine dem Sturm und Drang entflohene Seele in einer zerrissen-lebenssatten Stimmung zu Wort:

Wandrers Nachtlied
Der du von dem Himmel bist,
Alles Leid und Schmerzen stillest,
Den, der doppelt elend ist,
Doppelt mit Erquickung füllest,
Ach, ich bin des Treibens müde,
Was soll all der Schmerz und Lust?
Süßer Friede,
Komm, ach komm in meine Brust!

Das Goethe-Häuschen auf dem Kickelhahn

Dieses Gedicht hat Goethe in der Veröffentlichung, die er als 65jähriger betrieb, im Unterschied zu den anderen Gedichten, die je auf einer Seite gedruckt wurden, zusammen mit dem Gedicht »Über allen Gipfeln ist Ruh« auf ein und dieselbe Seite gebracht. Er überschrieb das frühere Gedicht mit »Wandrers Nachtlied« und gab dem späteren Gedicht »Über allen Gipfeln ist Ruh« die Überschrift: »Ein Gleiches«. Diese Überschrift weist auf den Zusammenhang beider Gedichte.

Wieso aber wird das so andere Gedicht »Über allen Gipfeln ist Ruh« mit »Ein Gleiches« überschrieben? Ist es gleich dem Gedicht »Der du von dem Himmel bist«? Es ist offenbar die Zusammengehörigkeit im Sinne einer polaren Spannung, nämlich der von Sehnsucht und Erfüllung, die beide Gedichte auf eine Ebene hebt.

Frei von den Gefühlen der Müdigkeit im Gedränge scheint jedoch auch die Entstehung des Gedichts »Über allen Gipfeln ist Ruh« nicht gewesen zu sein. In einem Brief an Charlotte von Stein, am Tage der Entstehung des Gedichts, schreibt Goethe: »Auf dem Gickelhahn, dem höchsten Berg des Reviers, den man in einer klingernden Sprache Alecktrüogallonax nennen könnte, hab ich mich gebettet, um dem Wuste des Städgens, den Klagen, den Verlangen, der Unverbesserlichen Verworrenheit der Menschen auszuweichen.« Goethe war also vollblutig und vollberuflich in das Gemenge seiner Zeit geworfen.

Es ist die Ruhe, die der offenbar müde, erschöpfte Goethe in die Worte »Über allen Gipfeln ist Ruh« gefaßt hat. Vielleicht sind die Zeilen auch eine Art Zuflucht zu einem visionären Utopia der Zeitlosigkeit, ohne vorher und nachher. Es ist das Gedicht einer geradezu metaphysischen Bewegungslosigkeit, für die der Platz am Kickelhahn Anschauung und Gefühl gab.

Im drei Jahre später entstandenen Gedicht »Edel sei der Mensch, hilfreich und gut« (1783) wird der Mensch von

Goethe wieder als Maß der Natur eingesetzt. Es ist der klassische Goethe, der hier zu Wort kommt. In der sittlichen Weltordnung emanzipiert sich der Mensch von der Natur und ihren Zwängen. Der Mensch, nicht die Natur, erinnert an das Göttliche: »denn unfühlend ist die Natur«. Der Mensch ist das Vorbild »jener geahneten Wesen«.

Edel sei der Mensch,
Hilfreich und gut!
Denn das allein
Unterscheidet ihn
Von allen Wesen,
Die wir kennen.

Heil den unbekannten
Höhern Wesen,
Die wir ahnen!
Ihnen gleiche der Mensch!
Sein Beispiel lehr uns
Jene glauben.

Denn unfühlend
Ist die Natur:
Es leuchtet die Sonne
Über Bös' und Gute,
Und dem Verbrecher
Glänzen wie dem Besten
Der Mond und die Sterne.

Der edle Mensch
Sei hilfreich und gut!
Unermüdet schaff' er
Das Nützliche, Rechte,
Sei uns ein Vorbild
Jener geahneten Wesen!

Dieses Gedicht ist Predigt; »Über allen Gipfeln ist Ruh« dagegen bleibt eine Beschwörung.

Der Kickelhahn steht heute noch wie vor über zweihundert Jahren, und er ist immer noch 861 Meter hoch. Als wir nach einer Stunde ohne Umwege, »direttissima«, schwitzend den Gipfel erreicht haben, erfrischt uns erst ein Thüringer Bier, und später stärkt uns eine Thüringer Bratwurst.

Der zum Gipfel dazugehörige Turm wird pflichtgemäß erstiegen. Er öffnet uns den Blick in ein sattes Thüringer Panorama. Berge rundum wie zu Goethes Zeiten. Bei gutem Wetter soll der Horizont bis zum Brocken im Harz und bis nach Weimar reichen. An unserem Goethe-Wandertag liegt leider der Dunst eines schwülen Wetters über der Landschaft.

Wenig später, nach knapp hundert Metern weiterer Wegstrecke, sind wir am »Goethe-Häuschen«. Hier entstand am 6. September 1780 das Gedicht »Über allen Gipfeln ist Ruh«. Goethe ritzte es in die Bretterwand. Liebhaber handfester Trophäen haben ein paar Jahre danach die »heiligen Bretter« aus der Wand gesägt. Macht nichts: Das Häuschen brannte sowieso zwischenzeitlich nieder. Heute steht seine Nachbildung wieder dort, wo Goethe übernachtete und so ganz nebenbei und scheinbar mühelos sein schönstes Gedicht »erfand«.

Obwohl, wie ich zugebe, »Über allen Gipfeln ist Ruh« zeit- und ortlos ist, am Kickelhahn bei Goethes Häuschen mußt du es doch am Ort seiner Geburt wenigstens inwendig einmal aufsagen, um es noch besser verstehen zu können.

Dann, etwas später, auf dem »Goethe-Wanderweg«, führt der Weg am Jagdhaus Gabelbach vorbei. Der Herzog Karl-Ludwig ließ es 1783 errichten, und seine Jagdgesellschaften, Goethe eingeschlossen, verbrachten hier oft feuchtfröhliche Nächte. Heute befindet sich eine Goethe-Gedenkstätte im Jagdhaus.

Ein Schild verkündete: »Montags geschlossen«. Natürlich war es ein Montag.

Hinter dem Haus mähte eine ABM-Kolonne gemütlich die Wiese. Übermorgen sei ihre Arbeitsbeschaffungsmaßnahme zu Ende, erzählten sie mir vorwurfsvoll. Ich reise nicht mit Lösungen und Patentrezepten im Rucksack übers Land, aber ich höre gern zu. Denn ich weiß nicht alles besser. Also höre ich den Leuten zu, ohne auf all ihre Fragen Antworten zu haben. Nur eines weiß ich: Der Staat kann nicht alles. Die Leute jedoch erwarten noch immer fast alles vom Staat. Vierzig Jahre Obrigkeitserziehung in der DDR schwitzt sich niemand so leicht aus den Kleidern, auch nicht aus dem ABM-Schutzanzug. Doch halt: Auch viele Westdeutsche erwarten die Lösung aller Probleme von Paragraphen und Behörden – ohne vier Jahrzehnte Staatssozialismus. Wir können jedoch in Ost und West die Arbeitslosigkeit nicht mit jenen Mitteln bekämpfen, die ein Teil der Ursachen unserer Beschäftigungsschwierigkeiten sind: zu viel Staat, zu wenig private Initiative, Innovation und Investition.

Auf dem weiteren Weg begegnet uns der Bürgermeister von Ilmenau zusammen mit einer lustigen Wandertruppe. Gestern hat er seinen Wahlsieg in die Scheune eingefahren, heute wollen sie auf dem Kickelhahn nachfeiern. Na, dann prost!

Der Goethe-Weg führt sodann am »Berg- und Jagdhotel Gabelbach« vorbei. Früher hatten nur SED-Größen hier Zugang. Hermetisch und mit Stacheldraht abgesperrt, gingen Mielkes und Konsorten hier ihrem Jagdgewerbe nach. Heute können hier wieder »normale« Bürger im Hotel Gabelbach übernachten. Auch ein Fortschritt!

Der Pächter stellt sich überraschenderweise als ein Landsmann aus meiner Heimatstadt Rüsselsheim heraus. Ja, nach einiger Zeit erkenne ich ihn als einen Schulkameraden wieder. Wieso brauche ich so lange dafür? Ich schäme mich, daß ich für das Wiedererkennen längere Zeit gebraucht habe als er. Darunter – unter meiner Spätzündung – leidet er allerdings nicht. Er tut so, als hätten wir uns nie aus den Augen verloren. Für Zweifel und Unsicherheit hat er keine Zeit. Er will das Hotel erweitern und baut im großen Maßstab an. Auch ein Fortschritt?

Der Goethe-Wanderweg, mit dem Kürzel »G« für »Goethe« markiert, führt jetzt über einsame Waldwege bergauf, bergab weiter. Die maximale Höhendifferenz beträgt laut Prospekt 332 Meter. Über die Hirtenwiese erreichen wir das »Finstere Loch«. Hier berichtet eine Gedenktafel von verwegenen Jagdgesellschaften und wilden Gelagen, an denen Goethe teilgenommen hatte. Auch das gehörte zu Goethes Schaffen. Goethe war des Herzogs Minister und Kumpan.

»Serenissimus« hielt Abstand zu seinem Minister und mochte ihn doch zu gern in nächster Nachbarschaft bei seinen wilden Streifzügen. Zu des Herzogs 26. Geburtstag verfaßte Goethe im »Finsteren Loch« das Gedicht »Ilmenau«:

Anmutig Tal, du immergrüner Hain!
Mein Herz begrüßt euch wieder auf das beste,
Entfaltet mir die schwerbehangnen Äste
Nehmt freundlich mich in eure Schatten ein
Erquickt von euren Höhn, am Tag der Lieb und Lust
Mit frischer Luft und Balsam meine Brust.
. . .
So mög, o Fürst, der Winkel deines Landes
Ein Vorbild deiner Tage sein!
Du kennest lang die Pflichten deines Standes
Und schränkest nach und nach die freie Seele ein.
Der kann sich manchen Wunsch gewähren
Der kalt sich selbst und seinem Willen lebt;
Allein wer andre wohl zu leiten strebt
Muß fähig sein, viel zu entbehren.

Müde erreichen wir Stürzerbach, und selbstverständlich steuern wir auf die bekannte Goethe-Gedenkstätte zu. Hier hatte die Weimarer Hofgesellschaft ihre Außenstelle, und hier erlaubte sie sich jenes muntere Treiben, das sie sich bei Hofe nicht immer leisten konnte.

Goethe-Gedenkstätte Stürzerbach. Ein Schild verkündete: »Montags geschlossen«. Aber Gott sei Dank, vor dem Haus ist wieder eine Arbeitsbeschaffungsmaßnahme. Arbeiter pflastern einen neuen Weg. So endet der »Goethe-Tag«, wie er begonnen hatte – mit Gesprächen über die Arbeitslosigkeit.

Der Kronleuchter in der Oper von Ankara ist ein schöner Kronleuchter. An seiner Herstellung bin ich selbst beteiligt gewesen.
Das kam so: Auf meiner jugendlichen Tramptour durch den Balkan gabelte mich eines Nachmittags in den Gassen von Ankara ein Kunstschmied auf. Er nahm mich mit und erprobte in seiner Werkstatt meine Fertigkeiten. Offenbar entsprachen sie seinen Ansprüchen. Ich half ihm fortan. Eines unserer gemeinsamen Werkstücke war der Kronleuchter für die Oper.
Der Kunstschmied war mit mir so zufrieden, daß er mich in sein Haus einquartierte. Und als ich dann meines Weges ziehen wollte, verweigerte er mir die Weiterreise. Also entschloß ich mich zur Flucht, suchte mitten in der Nacht meinen Rucksack und meine Klamotten zusammen und sprang, da alle anderen Ausgänge sorgfältig versperrt waren, aus dem Fenster des ersten Stockes.
Ich war in Freiheit und behielt meine Zeit in Ankara trotz dieses unfreiwilligen Aufenthaltes in guter Erinnerung.
Fast dreißig Jahre später, im Sommer 1984, erzählte ich bei einem Staatsbesuch in Ankara meinen Gastgebern nebenbei, daß ich hier vor vielen Jahren als deutscher Gastarbeiter gearbeitet hätte. Ich wies auf den hinterlassenen Kronleuchter in der Oper in Ankara eher beiläufig hin.
War es mein angeberisches Gebaren oder versteckte Ungläubigkeit meiner Gastgeber – sie luden mich jedenfalls umgehend in ihren Wagen, und mit Blaulicht und Tatütata fuhren wir zur Besichtigung meines Kunstwerkes in die Oper. Kamera- und Presseleute waren inzwischen schon an den Ort der Handlung beordert. Freudig zeigten mir meine türkischen Freunde den in der Eingangshalle hängenden Kronleuchter. Ich betrachtete ihn ungläubig, denn er entsprach durchaus nicht meiner Erinnerung. Aber man will ja schließlich seine Gastgeber nicht enttäuschen. Ich war unschlüssig, ob ich den Kronleuchter trotz meiner Zweifel als den meinen identifizieren sollte. In letzter Minute siegte die Wahrheitstreue, und ich gestand: »Dieser Kronleuchter ist nicht von mir.« Jetzt ging ein be-

friedigtes Lächeln durch die Reihen. Man führte mich eine Tür weiter – und tatsächlich, da hing er. Ich erkannte ihn wieder.
Noch heute frage ich mich, ob meine türkischen Gastgeber nur meine Wahrheitsliebe auf die Probe stellen wollten und mir absichtlich einen falschen Kronleuchter gezeigt haben. Sie hätten mich, wenn ich ja gesagt hätte, auf diese Weise leicht der Lüge überführt. Gott sei Dank war ich standhaft geblieben und hatte dem falschen Kronleuchter mein Bekenntnis zur Vaterschaft verweigert.
Die Moral von der Geschichte: Ehrlich währt am längsten!

Die Masuren – Meine Toskana

Schwimme weit hinaus auf den See. Lege dich auf den Rücken, mache nur sparsame Schwimmbewegungen, die dein Abtauchen verhindern – als Kinder nannten wir das Spiel »Toter Mann« –, und guck in die Luft. Du hörst nichts als das Gurgeln des Wassers um dich herum.

Weit und breit kein Mensch, mutterseelenallein bist du im See – nur über dir, hoch, sehr hoch über dir am Himmel zieht ein Flugzeug scheinbar lautlos seine Bahn. Zwei weiße Kondensstreifen folgen ihm. Immer habe ich die Menschen dort oben am Himmel im Flugzeug beneidet. Diesmal bin ich der Gewinner. Ich hier unten, mitten auf dem Majcz-See in den Masuren. Die oben im Flugzeug wissen nichts von mir.

So wie ich an diesem Morgen in einem sonnenüberfluteten, verträumten masurischen See muß sich das Urklümpchen der Schöpfung gefühlt haben, als alles noch mit allem ungeschieden und formlos in Verbindung stand.

Masuren – schon das Wort ist eine Melodie von eigener Tonfarbe. Vielleicht verstehen wir Landschaften auch durch ihre Namen. Toskana klingt ganz anders, leichter, befreiter, und der Name Provence verleitet geradezu zum Leben in Legenden und Mythen. Masuren – es ist nichts an diesem Wort als die Erinnerung an eine melancholische Schönheit. Müßte ich das Wort Masuren auf einem Instrument spielen, ich nähme die dumpfe Baßgeige; für die Toskana hingegen wählte ich eine alte Laute und für die Provence eine kleine Flöte.

Die Masuren sind kein politischer Begriff. Die Masuren

waren nie ein geschlossenes Land mit festen Grenzen, kein Fürstentum, kein Staat; sie waren und sind nichts anderes als eine offene Landschaft mit hundert Seen und tausend Stimmungen.

Einst, um die Jahrtausendwende, hausten hier die Galinder, einer von den elf Stämmen der Pruzzen. Sie waren ein heidnischer Stamm, an dem die christlichen Missionierungsversuche immer wieder spurlos abprallten. Adalbert von Prag bezahlte um die Jahrtausendwende seine Christianisierungsversuche ebenso mit dem Leben wie Bruno von Querfurt. Konrad von Masowien rief schließlich 1225 den Deutschen Orden zu Hilfe. Innocenz III., der große Papst, rief zum Kreuzzug gegen die heidnischen Ostvölker auf. Hermann von Salza, der Ordensmeister, ließ sich von Kaiser Friedrich II. und Papst Gregor IX., gleichsam mit weltlichem und geistlichem Schwert, den Auftrag zur Christianisierung absichern. Seine Ziele gingen jedoch weiter. Er wollte nicht nur taufen, sondern einen geistlichen Ordensstaat aufbauen. In die Vorstellung des Ordensstaates war gleichsam das Verbot eingebaut, in Stämmen und Herkunft zu denken. Trotz aller Verfehlungen und Verzerrungen stand im Hintergrund der Ordensritter die Idee einer Obrigkeit als geistliche Bruderschaft. Sie verfehlten zwar ihr Ziel, pflanzten jedoch in die Geschichte europäischer Staatsgründungen die Idee eines Staates, der mehr als ein Machtstaat sein wollte.

1231 machten sich sieben Ritter und zweihundert Kreuzfahrer auf den Missionszug mit Kreuz und Schwert. Und es begann ein mehrere Jahrhunderte dauernder Versuch, einen Ordensstaat zu gründen und zu erhalten. Es ist das frühe Projekt, Staatsgründungen von Dynastien und Völkern abzukoppeln und einen rationalen Staat zu schaffen.

Man weiß nicht, was man mehr bewundern oder kritisieren soll: die zivilisatorische Leistung der Ordensritter oder ihren militärischen Imperialismus. Mehrmals wurde Frieden zwischen dem Orden und seinen Gegnern geschlossen. Schließlich endete das Experiment in einer rein weltlichen Herrschaft, die einerseits dem polnischen König und seinen Bischöfen und andererseits den Ordensrittern übertragen wurde. Teilung war schon damals der Versuch, unentschiedene Machtfragen zu lösen. Der Deutsche Orden hatte sich später der Reformation angeschlossen, und so wurde der eine Teil, Ostpreußen, protestantisch, während der andere Teil, das Ermland zum Beispiel, katholisch blieb. Das Ordensland zog Calvinisten und Mennoniten aus Holland, Hugenotten aus Frankreich, Juden aus Österreich, Salzburger, Pfälzer, Schweizer, Nassauer, Philipponen aus Rußland an. So ist Ostpreußen geradezu das Gegenstück zu einer nationalistischen Konstitution des Staates geworden. Das Land als Mischkessel der Völker eignet sich eben nicht als nationalistisches Übungsfeld. Spätere Mißverständnisse, die durch die Krankheit des Nationalismus ausgelöst wurden, mußte die Bevölkerung hier wie anderswo bitter bezahlen. Der Nationalismus war und ist ein Verrat an abendländischen Traditionen.

Bevor du die Masuren, von Danzig kommend, erreichst, tritt dir die wuchtige Marienburg entgegen. Kein Feudalherr, kein weltlicher Fürst hat diese monumentale Backsteinfestung geschaffen. Die Deutschen Ritter errichteten sie zwischen 1274 und 1280. Sie war von 1309 bis 1457 Sitz des Hochmeisters des Deutschritterordens. Malbork ist heute der polnische Name für Marienburg. Im letzten Weltkrieg wurde sie schwer mitgenommen. Doch heute strahlt sie wieder in ihrer mächtigen Schönheit am Ufer des Nogat: über Jahrhunderte Zentrum und Rettungsboot einer großen Idee. Es gehört zu den tragischen Konstellationen der europäischen Geschichte, daß die große Kraftanstrengung, einen Staat der christlichen Brüderlichkeit zu stiften, in Eroberung und Verlust, Krieg und Blutbädern versank.

Wir sind allerdings nicht auf Fahrt gegangen, um Kultur

Rast mit Kartenstudium

zu besichtigen, sondern unser Ziel ist es, nach hektischen Wochen in Bonn tief in die Seen und Wälder der Masuren einzutauchen. Mikolajki, das frühere deutsche Nikolaiken, wählen wir zum Stützpunkt unserer Wanderungen. Es gibt noch immer kein besseres Mittel, eine Landschaft zu erfahren, als sie zu begehen: per pedes apostolorum.

Abseits der touristischen Ströme suchen wir unsere Pfade. Zugegeben, wir bedurften dazu einer einheimischen »Pfadfinderin«. Sie führt uns über Stock und Stein und über selten begangene Wege und Stege. »Natur pur« ist das Codewort unserer Erkundungen. Doch »Natur pur« gibt es in den Masuren auch nicht. »Natur pur« ist auch hier – ich gebe es zu – nur ein kindlicher Robinson-Tick. Ganz unverhofft treffen wir mitten in den Wäldern, an einem stillen See, auf das Grab von Meta Wiechert, der Ehefrau von Ernst Wiechert; daneben liegt der Grabhügel für ihren kleinen Sohn, der nur einen Tag lang lebte.

Auf der stundenlangen Wanderung begegnet uns kein Mensch. Wir tappen schweigend durch die dunklen Wälder. Vereinzelte Sonnenstrahlen durchbrechen die Zweige und tauchen unseren Weg in ein merkwürdiges Lichtspiel zwischen hell und dunkel. 35 Grad Hitze brütet auf uns. Wie kostbar ein Schluck Wasser sein kann, erfährt man an solchen Tagen.

Katarzyna, unser Mariellchen Katharina, steuert ein Forsthaus an. Wir hätten in diesem Urwald nie ein Forsthaus gefunden. Was die Oase in der Sahara ist, ist für uns das Forsthaus Strzalowa in den masurischen Wäldern: Wasserstelle, Rettungsinsel und Paradies. Das Wasser in den Wäldern der Masuren schmeckt nach einer langen, schweißtreibenden Wanderung köstlicher als Sekt in Bonn. Es gehört zu den ungeschriebenen Gesetzen der masurischen Forsthauswirtschaft, den Wanderer mit Getränken zu bewirten. Dieser Brauch hat sogar den Kommunismus überlebt. Die gleiche Gastfreundschaft erfahren wir später im Forsthaus Kruinin, das, als wir dort eintreffen, von einer friedlich weidenden Bisonherde umgeben ist. Und nach etwa 25 Kilometern Wanderung erreichen wir Krutynia. Am Rande dieses kleinen Dörfchens fließt ein Fluß gleichen Namens. Er ist flach und führt glasklares Wasser. Hier setzen wir uns in einen der flachen Kähne und lassen uns über den Fluß staken. Am Heck steht ein junger Mann, der den Nachen und seine Fracht mit Hilfe einer langen Stange durch eine unberührte Landschaft stößt. Die Zeit scheint hier stehengeblieben zu sein.

Der Junge, der unser Boot stakt, ist Informatikstudent, verdient sich während der dreimonatigen Semesterferien das Geld für sein Studium und wird, wenn er in zwei Semestern sein Examen gemacht hat, wahrscheinlich keinen Arbeitsplatz finden. Als hochqualifizierter Computerfachmann will er dann auch weiter über die Krutynia staken.

Auf dem Heimweg zu unserem Ausgangspunkt fahren wir wie zufällig am Geburtshaus Ernst Wiecherts vorbei. Es steht halbvergessen mitten im Wald etwas abseits des Fahrweges, und nur ein kleiner, windschiefer Anbau läßt vermuten, daß hier im verfallenen Hof auch noch Menschen zu finden sind. Und tatsächlich tritt, wie in einer Gruselgeschichte gerufen, aus der Tür des angeklebten Häuschens eine fast gespensterhafte Gestalt heraus. Kaum noch des Gehens fähig und auch kaum noch der Sprache mächtig, bittet sie dennoch um eine milde Gabe. Wer hat den alten, verstörten Mann hier zurückgelassen?

Das verfallene Haus ist eher ein Denkmal der Hoffnungslosigkeit. Von dem Forsthaus, in dem Ernst Wiechert seine Kindheit verlebt hat, sind nur ein leeres Gebäude und ein verwilderter Garten übriggeblieben. In seinen Büchern taucht dieser Garten, der heute so trostlos wirkt, wie ein kleines Paradies der Kindheit auf: »Und wenn in den schwermütigen Jahren meiner städtischen Verbannung das Bild meiner Heimat vor meinen Augen aufstand, so war es dieser Garten, zu dem meine Blicke sich erhoben und in dem mir alles versammelt schien, was das Herz eines Kindes mit Seligkeit erfüllen konnte.« Welcher Kontrast: Literatur, die das Gestern beschwört, und die Realität von heute.

Am nächsten Tag machen wir uns wieder früh auf die Socken und folgen erneut den einsamen Pfaden, auf denen uns unser Mariellchen Katarzyna vorangeht. Sie hat sich heute die Johannisburger Heide ausgesucht. Diesmal jedoch verlaufen wir uns, und zwar gründlich. Wahrscheinlich sind unsere fortwährend zweifelnden Fragen der Grund gewesen, daß Katarzyna unsicher wurde und vom rechten Weg abkam. Zur Strafe sind wir nach mühsamem Marschieren durch die schwüle Hitze ungefähr da, wo wir Stunden vorher losgegangen waren. Auch die Kreisbewegung ist eine Fortbewegung. Macht nichts: »Der Weg ist das Ziel« – die alte buddhistische Weisheit tröstet uns auf den schier unendlichen Pfaden der Johannisburger Heide.

Plötzlich, am Rand eines kleinen Querwegs, treffen wir völlig unerwartet auf einen Wohnwagen mit dem deutschen Autokennzeichen »RZ«. Zwei alte Leute sitzen ganz still im Innern des Wagens. Schon nach einem kurzen Gespräch erkennen wir, daß sie auf der »Heimwehtour« sind.

Die nächste kleine Ansiedlung mit Namen »Szeroki bor« liegt nur wenige Kilometer weiter entfernt. Diesen Ort hat die Frau vor fünfzig Jahren verlassen. Sie mußte in den Arbeitsdienst und kam nie mehr hierher zurück. Heute ist sie zum ersten Mal zurückgekehrt in ihre alte Heimat. Ihr Elternhaus steht nicht mehr. Es ist, wie sie sagt, dem Erdboden gleichgemacht. Sie kannte niemanden im Dorf, und keiner kannte sie: wechselseitige Fremdheit in der Heimat. Auch das ist eine Form von Heimatlosigkeit. Sie ist traurig, wie sie zugibt, aber nicht böse. Alles sei ja so wie früher, nur das Elternhaus fehle und die Bäume im Wald seien größer geworden. Sie hatte jedenfalls kleinere Bäume in Erinnerung. Warum soll sie böse auf die Menschen sein, die statt ihrer heute in Szeroki bor wohnen? Schließlich seien die Neubewohner hier zwangsangesiedelt worden und hätten auch ihre alte Heimat in Ostpolen, im heutigen Weißrußland, unter Zwang verlassen müssen – vertrieben wie sie.

Am gleichen Tag, an dem wir hier wandern, hat sich Karl Marquardt, mein Fahrer, mit dem Auto auf die Fahrt in seine alte Heimat gemacht. 150 Kilometer weiter an der russischen Grenze liegt das kleine Dorf, das er vor 49 Jahren als kleiner Junge verlassen mußte. Auch sein Elternhaus ist völlig verändert, und die Kneipe, in die sein Vater, der Knecht, nur gehen durfte, wenn der Gutsbesitzer nicht gerade selber dort eingekehrt war, ist zu einem Lagerschuppen umgebaut. Enttäuscht kehrt er abends zurück. Den neuen Besitzer seines Elternhauses habe er nicht verstanden. Er habe mürrisch in einer unverständlichen Sprache auf ihn eingeredet.

Die Flucht war schlimm, so erzählt Karl Marquardt wieder einmal wie schon so oft auf langen nächtlichen Autofahrten, wenn Erzählungen den Fahrer wachhalten sollen. Eine halbe Stunde Zeit hatten sie damals, um unter den wenigen Habseligkeiten, die die Familie des Knechtes Marquardt, seines Vaters, angesammelt hatte, das Notwendigste für die Flucht auszusuchen. Die Mutter habe den Kindern deshalb alles angezogen, was sie überhaupt am Leib tragen konnten. Immer nur nachts seien sie auf dem Weg in den Westen vorwärts gekommen. Tagsüber versteckten sie sich in den Wäldern. Von neun Kindern starben auf der Flucht zwei vor Kälte und Hunger. Seine älteste Schwester habe den Abmarsch verpaßt. Sie sei als Magd auf einem fremden Hof untergekommen. Und erst zwei Jahre später fand die Familie sie im Westen wieder. Diese Schwester lebte später vierzig Jahre als Ordensschwester auf einer Leprastation in Neuguinea. So schreibt das Leben seine eigenen Romane.

Noch am gleichen Tag erreichen wir in Zondern, dem

heutigen Sadry, ein kleines masurisches Museum, das Krystyna und Ditmar Dickti selber eingerichtet haben. Sie bauten sich eigenhändig ein schmuckes Häuschen, und nebenan, im alten Bauernhaus der Eltern, trugen sie alles zusammen, was an die alte masurische Zeit erinnert. Die Verwandten, wenn sie nicht schon damals geflüchtet oder 1945 im Dorf erschlagen worden sind, leben längst in Westdeutschland. Die letzten machten sich 1973 auf den Weg in den goldenen Westen. Einer sei sogar ein wohlhabender Mann geworden. Gebrauchtwagenhandel habe ihn reich gemacht, so unvorstellbar reich, daß er sich ein eigenes Flugzeug mieten könne. Und bei diesem reichen Verwandten und Gebrauchtwagenhändler im Ruhrgebiet arbeitet Ditmar ab und zu für ein paar Wochen. Er kann sich das leisten, der Schlaue, denn er ist Besitzer von zwei Pässen: einem deutschen und einem polnischen. So hilft die doppelte Staatsbürgerschaft der Familie Dickti, mit den Ungereimtheiten der Geschichte fertig zu werden. Dort, wo einst ihre evangelische Kirche stand, ist heute ein Hotel errichtet. Aber es liege kein Segen auf einem Haus, das auf den Grundmauern einer von den Kommunisten zerstörten Kirche errichtet wurde.

Die Familie Dickti macht einen zufriedenen Eindruck. Das Leben heilt viele Wunden. Freilich gingen die Uhren jetzt anders, sagen sie. Immer hätten sie sich nach dem Kapitalismus gesehnt. Aber der Kapitalismus verlange eben, daß jeder sein Schicksal selbst in die Hand nehme und nicht alles der Staat besorge. Der Sozialismus habe zwar wenig besorgt, aber den Menschen die Sorgen um die wenn auch karge Existenz abgenommen. Früher habe es wenig Waren und viel Geld gegeben, meint Krystyna. Heute sei es umgekehrt.

In Mikolajki treffen wir abends auf ganze Busladungen deutscher Touristen. »Heimwehtouristen« nennt sie unsere Katarzyna. Aber selbst abends beim Bier, wenn die Zungen

Wer schläft, der sündigt nicht

Der Mensch ohne Beine

sich lösen, haben wir bei keinem dieser »Heimkehrer« auch nur den Anflug eines verspäteten Revanchismus angetroffen. Ich verstehe jetzt, welch große Leistung die Vertriebenenverbände in der Nachkriegszeit erbrachten. Sie halfen den Heimatvertriebenen, im Westen eine neue Heimat zu finden. Schon 1950 mit ihrer »Cannstädter Erklärung« streckten die Vertriebenen die Hand zur Versöhnung mit Polen aus: »Wir Heimatvertriebenen verzichten auf Rache und Vergeltung... Wir werden durch harte und unermüdliche Arbeit teilnehmen am Wiederaufbau Deutschlands und Europas.« Die Heimatvertriebenen sind nicht auf Koffern in Lagern sitzengeblieben, sie sind nicht dem Beispiel der Palästinenser gefolgt, sondern haben angepackt und sich das neue Zuhause selbst geschaffen. Wie sagte doch der alte Vater Marquardt zu seinem Sohn Karl: »Was immer die Vertreibung Schlimmes gebracht hat, für euch junge Leute war es auch gut.«

Und wenn er abends in den Stall seines kleinen Neusiedlerhofes in der Eifel ging und seine drei eigenen Kühe stundenlang zigarrenqualmend betrachtete, soll er zuweilen gesagt haben: »Eigene Kühe hätte ich im Osten nie gehabt. Fünfzig fremde mußte ich zusammen mit Muttern täglich melken.« Für den Transport der Kühe in die fünfzehn Kilometer entfernte Kreisstadt Braunsberg (heute Braniewo), bei dem seine vielen Kinder mittreiben mußten, hat er vom Gutsherrn großzügig eine Mark als Zusatzlohn empfangen. Das war's. Die guten alten Zeiten waren auch in Ostpreußen nicht immer so gut, wie der verklärend nostalgische Blick zu erkennen glaubt.

Nur zwei Tage waren wir in den Masuren – viel zu kurz. Und als wir am dritten Tag in aller Frühe zur Heimfahrt aufbrechen, springe ich um fünf Uhr doch noch einmal in den Spirdingsee und schwimme weit hinaus. Er ist der größte der masurischen Seen, 113 Quadratkilometer groß. An einer bestimmten Stelle dieses Sees ist die Nachbildung des legendären »Stinthengstes« verankert. Es ist jener große Fisch, der einst die am Ufer angesiedelten Fischer so in Angst und Schrecken versetzt haben soll, daß sie sich nicht mehr auf den See getrauten. Der Mammutfisch brachte alle Boote zum Kentern. Eine tapfere Frau, Anna mit Namen, opferte, vom Hunger ihrer vielen Kinder in die Verzweiflung getrieben, ein kleines Lämmlein und betete zum heidnischen Gott des Urwaldes, Puskaitu, um Hilfe gegen den Fisch. Der Urwaldgott soll sie erhört haben.

Der Fisch ging ins Netz, wurde an Land gezerrt, und die Fischer hielten Gericht über ihren Peiniger. Sie verurteilten ihn zum Tode. In einer großen Drohrede vor seiner geplanten Hinrichtung soll der Stinthengst angekündigt haben, mit seinem Tod würden alle Fische des Sees sterben. Schnell und voller Schrecken revidierten die klugen Fischer in letzter Minute ihr Urteil über den bösen Fisch und wandelten es in lebenslange Haftstrafe um. Deshalb liegt er gebändigt und bis heute an einer Kette im See verankert fest. Du kannst seine mit einer Krone geschmückte Nachbildung dort bewundern.

Ich aber lege mich wieder auf den Rücken, lasse mich von den ersten Strahlen der aufgehenden Sonne wärmen, lausche den Wellen und bestaune das Morgenrot; die Vögel schreien über mir, ein sanfter Wind geht über den See – und ich nehme Abschied von den Masuren.

PS. Mit Wehmut machen wir uns auf die Heimfahrt. In Warschau legen wir eine Rast ein. Der fünfzigste Jahrestag des Warschauer Aufstandes gegen die deutschen Besatzer steht bevor. Ein alter, zierlicher Stadtführer erklärt uns, durch die Stadt spazierend, die Geschichte des Aufstandes, und irgendwann, kurz bevor wir uns verabschieden, sagt er uns, daß auch sein Vater an diesem Aufstand teilgenommen habe und dabei schwer verwundet worden sei.

»Hat er überlebt?« frage ich ihn.

»Zunächst ja«, antwortet er und schweigt.

»Und dann?«

»Das Krankenhaus, in dem er aufgenommen war, ist von den Deutschen unter Artilleriebeschuß genommen worden. Die Verwundeten, die aus dem Krankenhaus flüchten wollten, wurden von Maschinengewehrsalven niedergemäht. Das Krankenhaus versank in Schutt und Asche, und mein Vater wurde unter den Trümmern begraben.«

Aber die wortlose Botschaft meines kleinen Warschauer Fremdenführers lautet: Das letzte Wort hat nicht der Tod, sondern die Versöhnung.

Katrin war wütend und müde. Daumenlutschend auf dem Boden des Rücksitzes unseres Autos verbrachte sie die Stunden der Autofahrt zum Straßburger Münster. Ich erzählte den Kindern die erstaunlichsten Geschichten über das Münster, die allerdings nicht immer der Wahrheit entsprachen. Jede Erzählung schloß mit der stereotypen Erklärung: »Gleich sind wir am Ziel.« Die Glaubwürdigkeit dieser Ankündigung nahm jedoch zugegebenerweise proportional zum Zeitverlauf der Reise ab. Hauptsache war, daß die Kinder wach blieben und bei Laune, denn es wurde spät. Endlich, spätabends, schon in der Nacht, erreichten wir Straßburg. Hellerleuchtet stand das Münster, und wie ein Wunderwerk erhob sich die Gotik aus dem Dunkel der Nacht. Christian und Annette bewunderten das Prachtwerk pflichtgemäß. Katrin dagegen tauchte erst nach mehrfacher Aufforderung aus ihrem Dämmerzustand vom Autoboden auf, ließ den Blick kurz aus dem Autofenster schweifen, den Daumen aus dem Mund fallen und sprach die geflügelten Worte: »Ich wußte es doch: So ein Kitsch!« Dann bewaffnete sie ihren Mund erneut mit dem Daumen und zog sich schnurstracks wieder in ihr inneres Exil auf dem hinteren Fußboden unseres Opel-Kadett zurück.

Katrin ist heute eine gute Architektin und eine große Bewunderin des Straßburger Münsters.

So geschehen noch Zeichen und Wunder.

Onkel Karl auf Borkum

Borkum ist unsere Lieblingsinsel. Sie bietet alles für den, der »zurück zur Natur« will. Bäume stehen allerdings für diese Rousseausche Empfehlung nicht zur Verfügung. Davon hat die Insel zu wenige, dafür aber viel Watt.

Wir betreten das Watt unter Führung des alten Wattführers Hans-Peter Wegmann. 1949 machte er seine erste Wattführung. Eine Berliner Jungmädchengruppe war sein Premiereensemble. Meine Frau und ich waren die letzten, die er führte. Ja, der Zufall wollte es, daß sich mit unserer Wattwanderung Wegmann nach 45 Jahren als amtlicher Wattführer verabschiedete. Er ging in den Ruhestand. Ein Hauch Wehmut lag also über unserem »Schlick-Spaziergang«.

Das Watt ist ein heimlich-unheimliches Land. Heimlich ist es, weil man hier frühkindliche Bedürfnisse verspätet ausleben kann. Barfuß im Matsch, so stellte ich mir als Kind das Leben im Himmel vor. Aber keine Mutter sieht das gern. Meine auch nicht. Matschereien waren also nur verbotenerweise und klammheimlich möglich. Im Watt jedoch gehören sie zum offiziellen Programm. Es ist also nicht nur nicht verboten, sondern sogar erwünscht, daß du barfuß durch den Schlamm latschst. Wenn du dann richtig im Watt bist, quietscht dir der Schlick zwischen den Fußzehen durch. Der Schlick ist voller Leben, und du gerätst bald in Versuchung, dich wie ein Klümpchen im Urschleim der Erde zu fühlen. Solltest du aber unglücklicherweise ausgerechnet im Schlick ausrutschen und der Länge nach hinfallen, bist du sogar für eine Waschmittelwerbung nicht mehr zu gebrauchen. Denn auch dem besten Waschmittel würde kein Mensch glauben, daß es diesen Schlick-Dreck schnell aus den Kleidern bringt.

Unheimlich ist das Watt, wenn die Flut schneller zurückkommt, als du mit deinen Füßen uferwärts laufen kannst. Harmlose Priele erkennst du heimwärts nicht wieder. In Sekundenschnelle haben sie sich in reißende Flüsse verwandelt. Wo eben noch ein harmloses Rinnsal war, ist jetzt die Zweitausgabe des Mississippi. Deshalb: Vertrau dem Frieden der Ebbe nicht zu sehr. Die Tide rächt sich, und so mancher Mutige war, wenn er Glück hatte, auf noch mutigere Retter angewiesen, die ihn auf einer erhöhten, abgeschnittenen Seehundbank abholten.

Ungefährlich ist dagegen eine Fahrradtour auf dem Damm. Du kannst auch mit dem Fahrrad quer über die Insel fahren. Sie ist vernetzt mit tausend Fahrradpfaden. Im Osten der Insel, neben der »Bauernschänke«, findest du am Fahrradweg das Schild »Letztes Gasthaus vor Juist«. Nimm den Hinweis ernst und traue dir nicht zuviel zu. Juist erreichst du nicht im Trockenen, selbst bei Ebbe nicht. Mache also besser Rast in den »Lüttje-Gaststuben«. Peter Johann, der Wirt, hat es verdient. Er ist ein Spaßvogel.

Nichts ist jedoch schöner, als an einem verregneten Herbst- oder Wintertag im Sturm den Strand entlangzulaufen und wie auf einem Drahtseil immer kurz oberhalb der Brandungswellen entlangzubalancieren. Die Menschheit bleibt dann weit hinter dir, denn der »Nordstrand« ist an solchen Tagen menschenleer. Die jodkräftige Luft bläst dir in die Lungen und verschafft dir ungeahnte Vitalität. Reden kannst du mit einem eventuell mitlaufenden Strandläufer allerdings nicht, denn du müßtest dann schreien, und fürs Schreien ist ein Gespräch nicht geeignet. Also läufst du stumm hinter oder vor deinem Weggefährten her, gut eingelullt in Ölzeug und mit Gummistiefeln an den Füßen, einfach stur geradeaus.

Von Laufen kann dabei in solchen Konstellationen nur im übertragenen Sinn die Rede sein, denn gegen den Wind ähneln die Gehbewegungen einer Kletterpartie. Der Sturm bietet mehr Widerstand als die Schwerkraft, die du beim Bergsteigen überwinden mußt. Solltest du dagegen das Glück haben, daß der Wind dir im Rücken steht, brauchst du eigentlich gar nichts zu machen, als die Füße auf dem Boden zu halten und dem Druck nachzugeben: Dann läufst du wie geschmiert. Da die Sandkörner auf dem Boden vom Sturm schneller vorwärts getrieben werden, als du laufen kannst, hast du das Gefühl, die Erdkugel hätte ihre Rotation beschleunigt: Du bewegst dich dann wie auf dem Laufband. Der Boden unter dir überholt dich, und du hast das Gefühl, zurückzubleiben und irgendwann hinterrücks ins Meer zu stürzen.

Ob mit der Windrichtung oder gegen sie – richtig schön wird es erst danach im »Reetdach«. So müssen sich die Eskimos fühlen, wenn sie nach einer Jagd übers Eis ihren Iglu wieder erreicht haben. Du trinkst dann im Gasthaus »Unterm Reetdach« einen »Kruiden« (vielleicht auch zwei oder drei). Dem Nichtinsulaner ist dieses Gesöff auch als Kräuterschnaps bekannt. Wenn du Glück hast, sitzt Onkel Karl dort.

Das letzte Mal, als ich da war, wurde Karl, kaum noch der Füße mächtig, ins Wirtshaus geschleppt, in die Ecke gesetzt und mit einer großen dicken Zigarre und einem Kruiden ausgestattet.

Dann begann Karl zu erzählen. Er war diesmal besonders erzählfreudig, denn zehn Tage vorher war er in einer Operation in Emden von etlichen Blasensteinen befreit worden und befand sich kurz vor dem Ereignis, das jedes Jahr für ihn Höhepunkt ist: dem Besuch in seiner Heimatstadt Dingolfing, wo er seit fünfzig Jahren jeweils zum Oktoberfest hofhält. Der entlaufene bayerische Junge wird dort bestaunt als einer, der, in die Fremde verschlagen, irgendwo da droben kurz vor dem Nordpol sein neues Zuhause gefunden hat. Karl wird dann in seiner eigentlichen Heimat vom Bürgermeister im Festzelt mit Blaskapelle, Tusch und Ansprache wie der verlorene und wieder heimgekehrte Sohn begrüßt und gefeiert. Anschließend wird Karl in der Festkutsche durch Dingolfing gefahren. Alle Jahre wieder. Nur Weihnachten ist schöner. So geht das seit fünfzig Jahren. Karl ist jetzt 91.

Auf Borkum blieb Onkel Karl nach dem Krieg hängen. Er war dort im Krieg Spezialist für die Geschütze, die Deutschland vor der Invasion bewahren sollten, was trotz Karls unermüdlichem Einsatz bei Übungen am Geschütz bekanntermaßen nicht gelang. Die Alliierten hatten sich anscheinend in Kenntnis von Karls Schießkünsten einen anderen Landeplatz für ihre Invasion ausgesucht.

Als Hauptmann hatte Karl freilich mit dem örtlichen Gemüsehändler schon früh seine Geschäfte gemacht. Bei ihm, bei Wike Byl, bezog er das lebenserhaltende, skorbutverhütende Frischgemüse für seine ganze Kompanie. Das war für den Gemüsehändler eine sichere Einnahmequelle, der zuliebe er im Gegengeschäft sogar seine Tochter Lina opferte und sie dem »bayerischen Buben« zur Frau gab, der irgendwoher aus dem Süden, aus einem kurz vor dem Äquator gelegenen Ort gekommen war.

Er, Wike Byl, war nicht nur Gemüsehändler, er war ein reicher Mann, obwohl er sich zeitlebens als arme Kirchenmaus bezeichnete. Seinen Reichtum freilich verdankte er seiner Findigkeit und insularen Cleverneß.

Ein ertragreiches Geschäft auf Borkum – jedenfalls gewinnbringender, als Salat, Gurken, Kartoffeln und Gemüse an den Mann zu bringen – war es seit jeher, gestrandete Schiffe zu bergen. Der liebe Gott hat es mit den Borkumern gut gemeint, denn er hat es so eingerichtet, daß vor Borkum Sandbänke liegen. Schiffe, die in die Emsmündung wollen, geraten schon einmal aus der Fahrrinne und bescheren den rettungseifrigen Borkumern lohnende Bergungsaktionen. Nach einer alten Schiffahrtsregel wird der Wert von Schiff und Fracht zwischen Reeder und Retter halbe-halbe geteilt, wenn das Schiff von der Sandbank heruntergezogen und gerettet ist.

So war es zugleich ein Not- und ein Glücksfall, der Wike Byl sintemal zu Reichtum verhalf. Ein Hamburger Reeder namens Schuchmann wollte sich einst – es muß in dem ersten Jahrzehnt dieses Jahrhunderts gewesen sein – nach einem Agenten auf der Insel umsehen, der für ihn die Bergungsarbeiten organisieren sollte. Wie es der Zufall will, begegnete er auf der Fähre nach Borkum einer skatspielenden und biertrinkenden jungen Borkumer Mannschaft. Der erzählte er mehr beiläufig, daß er einen Agenten suche, und ehe die anderen auch nur das Skatspiel unterbrochen hatten, bot sich Wike dem staunenden Schuchmann als der gesuchte Agent für die Bergung gestrandeter Schiffe an. Noch auf der Fähre wurde der Vertrag mit Handschlag besiegelt. Und so waltete Agent Byl fortan seines Amtes in Erwartung eines gestrandeten Schiffes, dem er seine Hilfe zukommen lassen konnte.

Wenig später ging dann ein Schlepper von Reeder Schuchmann in der Emsmündung vor Anker, und dessen Kapitän lauerte wie Wike auf die Beute. Leider Gottes aber hatte auch eine Emser Reederei an der gleichen aussichtsreichen Stelle einen Schlepper postiert. Nun warteten die beiden Konkurrenten geduldig auf ein gütiges Schicksal und die dazugehörige Schiffsstrandung, in der Hoffnung, vor dem Rivalen am Ort der Bergung zu sein. Doch die Emser hatten nicht mit der Pfiffigkeit des Agenten Wike gerechnet.

Denn der hatte mit der Signalmannschaft auf dem Leuchtturm längst eine Abmachung zustande gebracht: Er sollte als erster die Nachricht erhalten, wenn der Notfall eingetreten sei. Und so war es eines Nachts auch. Der

Sturm tobte, und ein prächtiges Schiff mit praller Ladung saß auf der Sandbank fest. Ein wahres Gottesgeschenk für unseren redlichen Retter. Wie vereinbart, morste Wike seinem Bergungsschlepper sofort mit Lichtzeichen die Meldung: »Schiff kurz vor Emden gestrandet. Nächste Order abwarten!« Das Lichtzeichen aber hatte, wie erwartet und von Wike kalkuliert, auch die Konkurrenz aufgefangen, und ehe Wikes Schlepper auch nur halbwegs Fahrt aufgenommen hatte, dampfte der Emser Schlepper schon in das angegebene Zielgebiet. Die Emdener waren eben schneller.

Als der davonbrausende Konkurrent außer Sichtweite war, Funken und Dampf aus seinem Schornstein nicht mehr zu sehen waren, morste Wike die zweite Nachricht: »Schiff liegt nicht vor Emden, sondern draußen vor den Sandbänken!« Und während der Emdener Schlepper wahrscheinlich heute noch sein Schiff sucht, dampfte Wikes Mannschaft in die richtige Richtung davon. Wikes Schlepper zog das Schiff, noch bevor es von den Stürmen zermürbt und auseinandergebrochen war, von den Sandbänken herunter. Es kam zur vorgesehenen Gewinnverteilung: halbe-halbe.

Wike war fortan ein reicher Mann. Wahrscheinlich mußte er von seiner Bergungsprämie noch ein kleines Schmiergeld an die Signalmannschaft abtreten. Die Bergungsprämie war hoch genug, so daß er einen die Insel beherrschenden Gemüsehandel aufziehen konnte, von dem Jahrzehnte später noch Karls Kompanie profitierte.

Wike Byl hinterließ seinen drei Söhnen je einen Bauernhof und seiner Tochter Lina ein ansehnliches Haus. Und Karl war der doppelte Gewinner: gutes Gemüse für seine Kompanie und für sich die Hausbesitzerin Lina.

Einer der Enkel des cleveren Bergungsagenten Wike Byl, mit gleichem Namen wie der Großvater, bewirtschaftet heute das Gasthaus »Unterm Reetdach«.

Wäre der Großvater nicht so clever gewesen, könnte ich heute nicht mit Onkel Karl aus Dingolfing, Kanonier und Hauptmann a. D., Besitzer eines ansehnlichen Hauses und der dazugehörigen Frau Lina, einen Kruiden im Reetdach trinken.

Auch Dickmilch mit Zimt und Zucker gibt es »Unterm Reetdach« bei Wike Byl. Die Milch liefert die einzige Kuh des Wirtes, die ein wahrer Dukaten-Esel für den Reetdachbesitzer ist. Aber mehr als zwanzig Liter täglich schafft auch die Reetdach-Kuh nicht. Der Nachschub für die Dickmilch ist also beschränkt. Bestelle darum deine Dickmilch beizeiten!

Übrigens gebar unsere Dickmilchkuh im vorigen Jahr einen kleinen Stier. Byl taufte ihn auf den Namen »Nobbi«. Klein und stämmig ist der junge Stier und von drolligem Aussehen. Auf seinen kurzen Beinen stampft er über die Wiese. Jede Übereinstimmung mit lebenden Personen ist aber rein zufällig. Ich jedenfalls kann nicht der Grund für die Namensgebung gewesen sein. Denn im Gegensatz zu mir hat Nobbi, unser Stier, kurze krause Löckchen zwischen den Hörnern.

So hängt im Leben halt alles mit allem zusammen: Eine Sturmwanderung auf Borkum und die »Kruiden« im Reetdach und Onkel Karl aus Dingolfing und der Zweite Weltkrieg und, und, und… Auch ich und der Stier Nobbi und die Milchkuh gehören in die kleine Borkumer Konkordanz.

Man muß aus dem Knäuel der Geschichte nur den Anfang eines Erzählfadens erwischen. Wenn du die Geduld hast, ihn abzuspulen, kannst du auf die Lektüre ganzer Romansammlungen verzichten.

Unsortierte Einsichten auf einer langen Wanderung

Ich weiß nicht, was schöner ist, der Tag oder die Nacht, der Sommer oder der Winter, die Berge oder das Meer. Zu Hause hinter unseren vier Wänden, gut ausgeleuchtet und wohltemperiert, ist wenig von Kälte und Wärme, von hell und dunkel, Sommer und Winter zu spüren.

Ich möchte nicht in einem Land ohne Jahreszeiten leben und auch nicht in einer Gegend, in der hell und dunkel sich nicht den Tag, sondern das Jahr teilen.

Ich suche meine Erfahrungen und beschaffe mir die dazugehörigen Erlebnisse. Ja, so ist es: Meine Erfahrungen laufen vor den Erlebnissen her. Meine Erfahrungen suchen die dazugehörigen Erlebnisse. Erfahrungen sind für mich – anders als landläufig angenommen wird – nicht das Anhängsel an Erlebnisse, aus denen man sie herausdestilliert. Meine Erfahrungen sind Dispositionen zu Abenteuern, auf die ich gespannt bin. Ich gebe zu, meine Abenteuer sind kleiner als die des Christoph Kolumbus. Meist geht es nicht um Leben und Tod, sondern um den Einlaß des Unvorhergesehenen in die alltägliche Routine.

Der Klang einer Blume, der Geruch eines Bildes, das Gefühl einer Melodie – das offenbart die verworrenen Konstellationen, die sich dem ersten Eindruck selten preisgeben. Wenn sich die Sinneseindrücke mischen, sich kreuzen und vertauschen, wenn mein Geruchssinn fremdgeht und Bilder einfängt, wenn ich das Gesehene rieche oder den Duft einer Blume sehe, dann verwandeln meine Erfahrungen die Ereignisse in neue überraschende Erlebnisse, die ich Abenteuer nenne.

Nur die Romantiker ahnten etwas von einer Ordnung unter der Oberfläche chaotischer Eindrücke. Romantik ist keine Idylle, sondern ein Abenteuer.

Ungeheuer ist das Abenteuer immer. Es fehlen ihm die Sicherheiten des Gewöhnlichen und die Bequemlichkeiten der Routine. Das Abenteuer kippt unser eingefahrenes Verhalten aus allen Gewohnheiten und treibt uns über unbekannte Erdteile. Nur dem Abenteurer ist die terra incognita zugänglich.

Geduld ist eine Bedingung für das Abenteuer. Es bedarf der Ausdauer, sich zu seinen Erfahrungen die gesuchten Erlebnisse zu verschaffen. Und Ausdauer ist die Anfangsdisziplin der Geduld. Das Ereignis eines Erlebnisses ist eine eigenartige Sache: Du kannst die Erlebnisse nicht zum Antreten vor den Erfahrungen kommandieren, und strammstehen tun sie sowieso nicht. Abenteuer kommen ungerufen wie der Frühtau oder unerwartet wie ein einsamer Wassertropfen auf einer Blume oder eine nie gesehene zarte Nebelkapriole über einem stillen See oder wie der lautlose Flug eines Vogels. Abenteuer kommen wie Blitz und Donner oder wie das Zirpen einer Grille im Gras, auf das du nicht gefaßt warst. Abrupt oder sacht: in jedem Fall überraschend. Und dennoch kommen sie nicht ohne deine Einladung. Tausend Abenteuer entgehen Menschen, die für sie nicht disponiert sind.

Es zuckt das Abenteuer auf wie ein Sternschnuppe. Das Glück ist ein episodisches Erlebnis, und du hast viel gewonnen, wenn du es in deine Erfahrungen aufgenommen hast, bevor es zerronnen ist. Das Glück bleibt – wie gesagt – nicht stramm stehen. Das Glück ist die kleine Schwester der Angst, die um den Verlust des Glückes bangt, im sicheren Wissen, daß es verlorengeht und nur seine Spur in der Erfahrung zurückbleibt. So ist die Erfahrung der Aufenthaltsort existentieller Situationen, deren Essenz sie bewahrt.

Erfahrung ist etwas anderes als Erinnerung. In meine Erinnerung gehen unzählige erzählbare Ereignisse ein. In meiner Erfahrung bleibt der nicht nennbare Klang der Erlebnisse. Ich kenne den Geruch einer Bergwiese, deren Namen ich nicht mehr weiß und von der ich nicht erzählen kann, was auf ihr geschah, als ich sie kennenlernte. Ihr Bild jedoch würde ich unter tausend Bergwiesen wiedererkennen, weil ich sie nicht nur gesehen, sondern gerochen, gehört und gefühlt habe. Die Erfahrung, die sie mir hinterlassen hat, gleicht einer Melodie. Ich kenne Strände, die mit nichts anderem in meine Erfahrung eingegangen sind als dem Gefühl meiner Füße für ihren Sand und dem Wind, der mir ins Gesicht blies. Ein Geruch wie damals, und ich fühle den Strand wieder unter meinen Füßen und höre das Rauschen der Wellen, die sich über ihn ergießen.

Termine, Konferenzen, Debatten, Streit, Zustimmung, Beifall, Pfiffe: die Ereignisse überschlagen sich Tag für Tag und sind vergessen, ehe die Erlebnisse, die sich mit ihnen verbanden, in die Erfahrung eingehen konnten.

Wanderung braucht Zeit. Du bist nicht Herr der Zeit, wenn du das Ziel akzeptiert hast. Das Ziel ist nur ein Punkt. Die Strecke ist wichtiger als der Punkt. Das Ziel ist nur eine pädagogische List, die dich zu Geduld mit den Mühseligkeiten des Weges zwingt. Und jene Mühseligkeit, die hinnimmt, nur Schritt für Schritt voranzukommen, macht dich neugierig auf unscheinbare Überraschungen. Die Neugier ist die Hebamme des Abenteuers.

Die Abenteuerlust schleicht sich in deine Bedürfnisse als Begierde auf Abwechslung ein, und schon bist du präpariert für die unscheinbaren Überraschungen des Weges. Stundenlang marschierst du monoton durch einen dunklen Wald, und plötzlich, ohne Ankündigung, stehst du mitten auf einer lichtüberfluteten Wiese. Die Sonne trocknet dich aus, die Zunge wird klebrig und liegt dir im Mund wie eine ausgetrocknete Schuhsohle, und da triffst du plötzlich auf einen bergfrischen Bach.

Du lernst deine Füße plötzlich auf ganz neue Weise kennen. Sie werden störrisch und folgen nicht mehr widerstandslos dem Marschbefehl. So bemerkst du, daß nicht alles von dir du selbst bist. Du beginnst deine Seele zu sortieren. So kann es zum Streit zwischen Kopf und Beinen kommen. Aber selbst im Kopf kann der Streit beginnen zwischen dem Anwalt, der fragt: Warum und wofür diese Quälerei? Und seinem Kontrahenten, der den Widerstrebenden damit tröstet, daß er erst am Ziel einsehen wird, wie schön die Strecke gewesen sei.

Nachts wandern ist von eigenem Reiz. Nie gehst du einsamer als nachts. Die Selbstverständlichkeiten des Tages verwandeln sich in Geheimnisse der Nacht. Ist es ein Baum oder ein Tier, das plötzlich neben dir ächzende Laute von sich gibt? Ist es der Wind, oder wer ist es, der in der Ferne heult?

Ein unbekanntes Knistern, auf das du tagsüber nicht geachtet hättest, spannt alle deine Sinne an. Ein Lichtschein aus dem Fenster eines tiefverschlafenen Dorfes, das du nachts durchquerst, ist wie ein rätselhaftes Signal. Das erhellte Fenster beflügelt deine Phantasie und saugt dich in eine merkwürdige Sympathie mit dem unbekannten Nachbarn hinter dem Fenster. Schläft er, wacht er, liest er, leidet er?

Ein Feuer in der Nacht holt dich zurück in die Urgeschichte der Menschheit, in der das Feuer nicht nur Wärme spendete, sondern Schutz vor der fremden und feindlichen Natur gewährte. Nacht ist nicht Nacht. Es gibt helle und dunkle Nächte, sternenklare, die dich neues Sehen lehren, und finster-feindliche, in denen du deine Hand vor dem Gesicht nicht erkennst und jeder Schritt eine Expedition ist. Eine Nacht mit Feuer ist eine geheimnisvolle Symbiose von Licht und Finsternis.

Der Morgen ist wie eine Geburt. »Siehe, ich mache alles neu.« Diese Offenbarung vollzieht sich Tag für Tag an jedem Morgen. Das Unheimliche wird wieder heimisch. Das Unbekannte wieder bekannt. Nachts ist der Mensch ein Knecht, tags ist er Herr.

Laute Musik hat am Abend ihre Zeit. In der Morgendämmerung wäre sie eine schrille Dissonanz zur Behutsamkeit, mit der das Leben erwacht. Das Morgenlicht ist ein unsicheres und feinnerviges Geschöpf. Morgenlicht würde von lautem Geschrei und Getöse nur gestört. Morgenlicht fällt nicht über dich her, es gesellt sich eher in deine Nähe, ohne daß du es bemerkst. Am Morgen schleicht sich die Helligkeit in die Dunkelheit. Dunkelheit dagegen verdrängt am Abend die Helligkeit. Helligkeit unterwandert die Dunkelheit. Dunkelheit unterwirft die Helligkeit. So jedenfalls ist es in unseren Breitengraden.

Der Tagesanbruch hat keinen Fahrplan, und die Ankunft der Sonnenstrahlen richtet sich nicht nach den amtlichen Angaben des Wetteramtes über die Zeit des Sonnenaufgangs. Die Sonnenstrahlen können sich noch hinter Wolken versteckt halten, obwohl sie nach Plan schon längst auf der Erde eingetroffen sein müßten. Das Wolkenspiel schreibt dem Lichtspiel seinen eigenen Takt vor und treibt mit den Strahlen der Sonne seine eigene Choreographie. Im Wald bricht das Sonnenlicht in Strahlenbündel durch die Baumwipfel. Im Gebirge klettert es vom Gipfel ins Tal, auf hoher See schiebt es sich über den Horizont. Die Morgendämmerung hat keine Uniform.

Die Morgenzeit ist von allen Tageszeiten die zärtlichste.

O flaumenweiche Zeit der dunklen Frühe!
Welch neue Welt bewegest du zu mir?
Was ist's, daß ich auf einmal nun in dir
von sanfter Wollust meines Daseins glühe?

Eduard Mörike

Das Maß, mit welchem die Lebenszeiten gemessen werden, ist kein Chronometer. Erlebnisse haben ihre eigene Zeitdimension. Die Sekunden eines Sturzes, in denen du im freien Fall an der Bergwand vorbeisaust, sind sehr lang, und du hast viel Zeit, zu überlegen, bis der Ruck des Bergseils dir Mitteilung macht, daß die Sicherung gehalten hat. In solchen Todessekunden wird es darauf ankommen, daß du genügend Erfahrungen angesammelt hast, um das wichtigste Ereignis des Lebens, den Tod, nicht mit Nebensächlichkeiten zu verwechseln.

Die Zeit ist ein eigenartiges Phänomen. Niemand hat die Zeit. Obwohl jener, der von sich behauptet, »Zeit zu haben«, paradoxerweise von Zeit frei ist. Was ist sie nun, die Zeit? Die Uhrzeit hat mit dem Leben so viel zu tun wie das Thermometer mit dem Klima. Die Uhrzeit ist von ergreifender Belanglosigkeit. Es gibt Situationen, in denen sich alles entscheidet, und Jahre, die nichts bedeuten.

Es blitzt ein Tropfen Morgentau
Im Strahl des Sonnenlichts.
Ein Tag kann eine Perle sein
Und ein Jahrhundert nichts.

Gottfried Keller

Der Lebenslauf folgt nicht dem Rhythmus des Uhrzeigers. Die Erfindung der Zeit ist eine Variable der Strecke. So wie Urvölker Entfernung messen nach dem Maß zwischen den Stationen des Wasserlassens z.B. eines Rentieres, so mißt die Lebenszeit ihre Abschnitte nach dem Abstand zwischen herausragenden Ereignissen. Zeit wie Entfernungen schrumpfen oder dehnen sich aus. In meiner Kindheit verlief das Jahr ganz langsam. Es dauerte lange, sehr lange zwischen Weihnachten und Ostern und zwischen Erntedankfest und Advent und zwischen Nikolaustag und Heiligem Abend. Heute rennen die Monate gleichmäßig an mir vorbei, ohne daß ich es merke, und ehe ich mich umdrehe, bin ich ein Jahr älter.

Die Strecke meiner Wanderung hat mich Zeit gelehrt. Die Strecke vor mir wird immer bedeutsamer, je näher ich dem Ziel komme. Ob das wohl ein Hinweis ist, daß die Alterszeit wichtiger ist als die Jugendzeit?